UĞUR KOŞAR

BANA ALLAH YETER

DESTEK
yayınları

DESTEK YAYINLARI: 413
TASAVVUF: 13

BANA ALLAH YETER / UĞUR KOŞAR

Genel Yayın Yönetmeni: Ertürk Akşun
Editör: Aslı Bahşi
Kapak Tasarım: İlknur Muştu
Sayfa Düzeni: Cansu Poroy

Destek Yayınları: Ocak 2014
Yayıncı Sertifika No: 13226

ISBN 978-605-4994-10-6

İnönü Cad. 33/4 Gümüşsuyu Beyoğlu / İstanbul
Tel:(0212) 252 22 42
Fax:(0212) 252 22 43
www.destekyayinlari.com
info@destekyayinlari.com
facebook.com/ DestekYayinevi
twitter.com/destekyayinlari

Pasifik Ofset Ltd.Şti.
Sertifika No : 12027
Cihangir Mah. Güvercin Cad. No:3/1
Baha İş Merkezi A Blok [illegible] 34310
Haramidere İSTANBUL / TURKEY
Tel: 0 212 412 17 00

UĞUR KOŞAR

BANA ALLAH YETER

DESTEK
yayınları

DE Kİ:

BANA ALLAH YETER

"Allah kuluna kâfi değil mi?"

(Zümer Suresi, 36)

"Allah'tan başkalarını dost edinenler, ağdan yuva yapan örümcek gibidirler. Oysaki, eğer bilseler, hiç şüphesiz örümcek yuvası yuvaların en çürüğüdür."

(Ankebut Suresi, 41)

İÇİNDEKİLER

UĞUR KOŞAR KİMDİR

TTS (Theatrical Therapy System) ve Nur Terapisi'nin kurucusu olan düşünür, psikolojik danışman ve yazar Uğur Koşar, Doğu'nun Zen öğretisi (farkındalık) ile sufiliğin "kalp gözüyle bakışını" harmanlayarak kendine özgü üslubuyla insanların kendi öz varlıklarıyla buluşmasına, böylece zihnin sesini susturarak kalıcı bir huzurla yaşamlarına devam etmesine yardımcı olmaktadır.

Uğur Koşar der ki: "Ben sizi yeni bir şeyle tanıştırmıyorum, sadece sizin unuttuğunuz kendi özünüzle tekrar buluşmanıza vesile oluyorum."

Usta, "Yaşam matematik değil bir şiirdir ve içinde nefes aldığınız bu hayat, beyinlerin gelişmesinden öte yüreklerin ve ruhun olgunlaşmasıyla gelen bir kutlama olmalıdır" diyerek yaşamanın aslında bir sanat olduğunu anlatmaktadır.

Onun görüşüne göre, mutsuz insan yoktur, mutlu olacağına inanmayan insanlar vardır ve insanları yorgun kılan yaşam değil, taşıdıkları maskeleridir.

Uğur Koşar "Her soru önce kendi cevabını doğurur" sözleriyle insanların aradığı cevapların aslında kendi derinliklerinde mevcut olduğunu ifade eder.

O, yaşam yolculuğunda insanların kendilerini keşfetmeleri ve kendi derinliklerinde bulunan mevcut cevaplara ulaşmaları adına, insanları sadece düşündürmeye ve onların farkındalık kazanmalarına, baktıklarından daha derine bakarak Allah'ın mucizelerini görmelerine, O'nu kucaklamalarına yardımcı olmaktadır.

Onun şu sözleri insanlara farkındalık kazandırmaya yöneliktir:

"– Yaşam geçmiş ile gelecek arasında açmış bir çiçektir, onu sadece şimdiki anın içinde koklayabilirsin.

– Kendi hayatını yaşamıyorsan, yaşadığın hayat senin değildir!

– Dışarıda mucize arama. Mucize sensin.

– Önemli olan hayatın ne zaman son bulacağı değil, onu ne zaman hissederek yaşamaya başladığındır.

– Ben size mutlu olmayı değil, mutluluğa dönüşmeyi gösteriyorum.

– Allah kitaplarını insana göndermişken, O peygamberlerini insana göndermişken, cennetinin kapılarını açmışken ve O sana bu kadar çok değer veriyorken, sen nasıl olur da kendine değer vermezsin?

– Sadece yaşamın gerçekliğine uyum sağla, ruhun ağlamaya ihtiyacı varsa ağla, gülmeye ihtiyacı varsa gül, her deneyimi yaşa, kontrol etme. Şayet kontrol edersen bütün enerjini dışarıya akıtmış olacaksın. Sessiz ol ve yaşamın akışını izle, o akışta gelen her şey bir mucizedir."

Uğur Koşar, insanlığın temel sorunlarından birini ise şu sözlerle ifade etmektedir:

"İnsanlar isyanda, hayat çoğu için yaşarken bitmiş durumda, çünkü hep başkalarının hayatını yaşamaktalar. Bu hayat onların değil; başka bedenlerde, başka ruhlarda hayat buluyorlar ve onlar gidince hayat da anlamını yitiriyor. İnsanlığın en büyük sorunu budur. Kendi hayatını yaşamıyorsan, yaşadığın hayat senin değildir. Nasıl olabilir ki? O hayat başkasına bağlı ve o gittiğinde yahut ilgisini yitirdiğinde sen de eriyor, tükeniyorsun! Olanları izlediğinde şahit olacaksın ve o zaman varlığın farkındalıkla dolacaktır."

UĞUR KOŞAR'IN TERAPİSİ HAKKINDA

(İnsanların Uğur Koşar'a dünyanın dört bir yanından gelmelerinin sebebi, panik atak, anksiyete, takıntı, özgüven eksikliği, depresyon sorunlarına tek seansta ilaçsız çözüm sunduğu içindir. İlginize teşekkür ederiz...)

(Not: Kesin olarak kimse tek seansta geçecek diyemez, bu şirktir, ne olacağını Allah bilir. Sadece ikinci kez kimseyi Allah'a bin şükür terapiye getirmediğimizi görerek bunu danışanımıza söylemekteyiz. Demek ki bu sistem doğru ve oturmuş bir sistemdir.)

Uğur Koşar terapisiyle ilgili şu sözleri dile getirmiştir:

"Öncelikle şunu çok net belirtmeliyim: Terapi görmek için yıllarca uzmanlara, psikologlara gitmiş ama çare bulamamış insanlarla görüşmeyi seçiyorum. Bunu sana kimse söylememiş olabilir, fakat depresyon artık senin aydınlanmanın, çiçek açmanın habercisidir. Bir çiçek tohumunu düşün; tohumun filizlenmesi, çiçek vermesi için nasıl ki artık son derece patlamaya hazır duruma gelmesi gerekiyorsa insan da depresyondayken çiçek vermeye hazır demektir.

Yahut gebe bir kadını düşün lütfen. Onun doğum gerçekleştirmesi için dokuz ay sürenin geçmesi, artık karnının burnuna gelmesi, bir patlamaya, bir sıkışmaya hazır olması gerekir, öyle değil mi? Yoksa bebek sağlıklı doğmayacaktır.

Bebek dört aylıkken doğarsa ölecektir. İşte bu yüzden senin dibe vurman, depresyonda olman benim için son derece güzel bir şey. Bana artık senin çiçek açmana yardımcı olmak, sadece bu negatif enerjini pozitife dönüştürmek kalıyor.

Psikolojik sorun yoktur, sadece zihinsel bir işletim hatası vardır. İnsan zihni kullanmasını bilmiyor, çünkü onun kullanma talimatını kimse vermedi! Ben insanlara zihnin nasıl kullanılacağını gösteriyorum ve onlar kolayca özlerine ulaşıyor, kalıcı sonsuz huzurla tanışıyorlar, tek sırrım budur.

Burada olduğuna göre uzmanlara, psikiyatrlara gitmiş, ilaçlar almış ama kendi özünle buluşamamış olmalısın. Sana yardımcı olamadılar, çünkü sen derin bir uykudasın, tıpkı geceleri yatağında uyuduğun gibi ve bu durumda sana verilen komutları algılayabilir, onları idrak ederek yaşamında uygulayabilir misin?

Hayır, bunu nasıl yapacaksın? Sen zaten bir uykudasın... Uykuda olan hiç kimse dışarıdan verilen komutları rüyasında uygulayamaz. Bu yüzden psikologlar, psikiyatrlar insan üzerinde kalıcı bir mutluluk sağlayamamıştır, çünkü onlar farkında olmadan insanlar derin uykunun içindeyken terapi vermişlerdir! Kişinin öncelikle derin uykusundan uyandirılması gerekir ve benim yaptığım sadece sizin uyanmanıza yardımcı olmaktır, sonsuz huzur ise tıpkı kâbuslu bir rüyadan uyanır gibi kendiliğinden bir anda gelecektir. Bu görüşmede zihinsel, ruhsal ve psikolojik anlamda üç boyut atlama, uyanış olmaktadır."

"İnsanları yorgun kılan hayat değil, taşıdıkları maskeleridir" diyerek de birçok insanın farkında olmadan takmış olduğu maskelerinden sıyrılarak kendi özüyle buluşmasını sağlayan üstat, şu sözleriyle insanları farklı bakış açılarına yönlendirmektedir: "Sorun hiçbir zaman problemler değildir, yaşam yolculuğunda problemler her zaman olacaktır, asıl sorun, zihnin oyununa gelerek problemlerle özdeşleşmemiz, onlara bir mıknatıs gibi yapışmamızdır."

Uğur Koşar "Mutsuzluk, zeki insanın bilgeliğe dönüşüm aracıdır" diyerek danışanlarına, acıyı bir araç olarak kullandırıp sonra onu sonsuz bir huzura dönüştürmekte ve kendine özel öğretisiyle görüşme seanslarında bunu yaşatarak anlatmaktadır.

Usta, "Dikkatle izlemenizi isterim. Biri sizi üzdüğünde o aslında size sadece bir iğne batırmıştır; öfke, tepki, üzüntü ise sizin içinizden yükselir!" diyerek insanları kendi içine yönlendirip orada özü merkeziyle buluşturarak sorunların sonsuz bir huzura dönüşmesine; kendine özgü birçok öğretisiyle danışanlarının farkındalık kazanmasına ve bilgelik boyutuna ulaşarak aydınlanmasına yardımcı olmuştur.

Psikologlar onun kitaplarını ve terapisini tavsiye etmektedir. Ünlü isimlere, birinci ligden futbolculara, yaşam koçlarına da terapi veren Uğur Koşar, görüşmelerini, İstanbul Mimaroba'daki özel çalışma ofisinde yapmaktadır.

Üstadın geliştirdiği, TTS (Theatrical Therapy System) tek seanslık başarı için geliştirdiği en ideal terapi sistemidir.

Kendisine **www.ugurkosar.com** adresinden randevu formu doldurarak ulaşabilirsiniz.

Rahman ve rahim olan Allah'ın adıyla başlarım. Bu kitabı yazmayı vesile kılan Rabb'ime verdiği lütfundan dolayı hamdü senalar olsun.

"Ben bir kulu sevdiğim zaman onun işiten kulağı ve gören gözü olurum. Artık o, (konuşurken) benim (kelamım ve hükmüm)le konuşmaya ve (baktığı her şeyi) benim (verdiğim özel bir görüş)le görmeye başlar."

Bu kitabı yazan Uğur Koşar sadece aracıdır, vesiledir, lütuf ve rahmet tamamen Allah'ındır...

Peygamber Efendimiz Cebrail'e sordu:

"Ey Cebrail, hiç yedi kat semadan yeryüzüne korku ve dehşet içinde hızlıca indin mi?"

Cebrail:

"Evet ya Muhammed, üç kez dediğin şekilde indiğim oldu."

Bunun üzerine Peygamber'imiz "Nasıl oldu anlat" dedi.

"Birincisi" dedi Cebrail, "Hz. İbrahim ateşe atılırken Allah bana dedi ki: 'Sor bakalım, İbrahim'in bizden bir dileği var mıdır?' "

O sırada İbrahim ateşe atılmış şekilde havada ilerliyordu. (O zaman mancınık yöntemiyle ateşe atmışlardı İbrahim Peygamber'i.)

Cebrail:

"Hemen süratle indim yeryüzüne ve Hz. İbrahim'e sordum: 'Var mıdır Rabb'inden istediğin bir şey?'

İbrahim Peygamber cevapladı: 'Çekil çekil, Rabb'imden geldiyse başım üstüne.'

Bunun üzerine 'Yaradan emretti, ateşe serin ol, yere yumuşak ol' dedi."

Peygamber Efendimiz "Ya ikincisi?" diye sordu Cebrail'e.

Cebrail "Yine İbrahim, oğlu İsmail'i kurban edeceğinde bıçağın keskin yerini değil sırt tarafını İsmail'in boğazına sürtüyordu kesmek için. Tam farkına varıp bıçağı ters çevirerek İsmail'in boğazına değdireceği sıra Rabb'im emretti.

'Yetiş Cebrail, al şu iki koçu, İbrahim bunları kurban etsin' dedi. İşte o sırada çok korktum yetişemeyeceğim diye ama şükürler olsun yetiştim" dedi.

Peygamber'imiz *"Ya üçüncüsü Cebrail, onu da anlat" dedi.*

Cebrail:

"Ya Resulullah, onu ne sen sor ne ben söyleyeyim. Rabb'ime en yakın olduğum yerdeydim, kendi mekânımda ve yedi kat semanın en tepesi denebilir. Sen Uhut Savaşı'ndaydın..."

Ve devam etmesini söyledi Peygamber'imiz.

Cebrail:

"Savaş sırasında darbe aldın, darbe alınca miğferinin demiri yanağına battı, ashaptan biri geldi yanına ve sana olan terbiyesinden o demiri eliyle değil de ağzıyla yanağından hafifçe çekti çıkardı. İşte tam o sırada yanağından süzülen bir damla kan yere düştü düşecekti.

Âlemlerin Rabb'i şöyle dedi: 'Yetiş ey Cebrail, eğer Resul'ümün kanı yere düşerse ant olsun ki yerde ve gökte bir tek canlı bırakmam.' İşte o anda tüm gücümle yeryüzüne, Uhut'a yöneldim. O kadar hızla indim ki yanağından süzülen kan tam yere damlamak üzereydi..."

İşte bu yüzden vekil (yardımcı) olarak Allah yeter. Nasıl yetmesin ki? Her şeyi yaratan bir kudret... Mutlak kudret ve kuvvet sahibi olan Allah... O Halik, her şeyi yoktan var eden... O kâinatın hâkimi Melik. O her şeye üstün gelen Kahhar. Nasıl yetmesin? Bu mümkün mü?

O halde nedir bu acelen, nedir bu kendi başına buyruk yaşaman? Peygamberlerin tek dostu Allah'tır. Sahabenin tek dostu Allah'tır. Velilerin, meleklerin tek dostu Allah'tır. Nasıl ki tek Rabb'imiz Allah, işte aynı teveccühte tek yardımcın Allah olduğu sürece senin sırtını kim yere getirebilir?

Seni kim mutsuz edebilir? O müheymindir, gözeten ve koruyandır. Sen hiç ya müheymin diyerek O'nu, aşamadığın sıkıntılarda vekil tayin ettin mi?

Allah'a yönelmek var Allah'a yönelmek var!

Sen Allah'a layığıyla yönelmiyorsun, dua senin kalbinde değil, dua senin dilinde çoğu zaman. Ne buyuruyor hadis-i şerifte Allah resulü: "Allahüteâlâ, duanızı kabul eder. Dua ettim, hâlâ duam kabul olmadı diye acele etmeyiniz! Allah'tan çok isteyiniz! Çünkü kerem sahibinden istiyorsunuz." (Buhari)

Sana Hz. Aişe Validemiz'in hadisini anımsatayım:

"Resulullah, 'Duanın kabul olmasına sebep olan ism-i azamı biliyor musun?' buyurdu. Ben de bilmediğimi söyleyince, 'Ya Aişe, onu öğretmek ve onunla dünya için bir şey istemek uygun olmaz' buyurdu. Kalkıp abdest alıp iki rekât namaz kılarak, 'Allahümme inni edukellah ve edukerrahman ve edukelberrerrahim ve eduke biesmaikelhusna külleha ma alimetü minha ve ma lem âlem entağfireli ve terhameni' duasını okudum. Gülümseyerek 'İsm-i azam, okuduğun duanın içindedir' buyurdu." (İbni Mace)

Onlar her derdinde Allah'ı vekil kılarlardı. Ve her zaman galip gelmişlerdir. Ben sana galip derken bu dünya için söz etmiyorum, ben sana asıl yurt, gerçek yurt olan, ahiretten söz ediyorum. Sen sanıyorsun ki her şey bu içinde bulunduğun âlem, bu yüzden tüm uğraşın çoğu zaman dünyalık. Sana sahabe gibi ol demiyorum, fakat onların yaşadıklarının, Allah'a olan bağlılıklarının binde birine bile erişsek bu ruhumuzu muazzam derecede besleyecektir inşallah.

ÖNCE KUL OLABİLMEK

Sevdiğim bir kıssa var dinlemeni isterim:

Hz. Musa Tur Dağı'na çıkarken, yolunu bir zat kesmiş ve demiş ki:

"Ey Musa, içimi kasıp kavuran bir soru var ki, cevabını bilmezsem bana hiç rahat yoktur. Lütfen Rabbi'ne arz et ki, ben cennetlik mi, cehennemlik miyim?"

Adamın ısrarı üzerine, Hz. Musa, "Peki" demiş, "sorarım..."

Dönüşte, adamcağızı büyük bir merak içinde bekler bulmuş.

Hz. Musa:

"Rabb'im buyurdu ki, 'Söyle o kuluma...' "

Adam birden canlanmış, heyecanlanmış ve bir çığlık atmış:

"Söyleme ya Musa!.. Gerisini söyleme! Sen şunu söyle, Rabb'im bana aynen böyle dedi mi? Rabb'im bana, 'Söyle o kuluma' dedi mi? Rabb'im bana 'kulum' dedi mi?"

Hz. Musa:

"Evet, böyle dedi" deyince bu zat tekrarlamış:

"Öyleyse gerisini söyleme ya Musa!

Mademki, Rabb'im bana kulum demiş, beni ister cennetine, ister cehennemine atsın, mühim değil..."

Ve neşe içinde, adeta oynayarak çekilip gitmiş.

Onun bu tavrı üzerine de Rabb'imiz artık cennetlik bir kul olduğunu bildirmiş:

"Mademki benim kulum olmayı böylesine başına taç etti ve şeref bildi, öyleyse o artık cennetlik bir kulumdur..."

İnsanlar bana yaşamın sırrını soruyor. "Hocam nedir yaşamın amacı?" diyorlar. Halbuki Kuran'ı açsak göreceğiz. Fakat biz Kuran'ı açıyoruz ama "Allah ne dedi, benden ne istiyor" diye değil, biz Allah'ın kitabını sevap kazanmak için açıyoruz. Bu yüzden tüm gizemi kaçırıyorsun. Bu yüzden O'na aşkla yaklaşamıyoruz. Ve ruhun acı içinde kalıyor, niçin yaşadığını bile bilmiyorsun. Demek ki eksik olan bir şey var!

Diyor ki Rabb'imiz Mülk Suresi'nin 2. ayetinde: "Ellezî halakal mevte vel hayâte li yebluvekum eyyukum ahsenu amela (amelen), ve huvel azi zul gafûr (gafûru)." ("O, hanginizin daha güzel amel yapacağını sınamak için ölümü ve hayatı yaratandır. O, mutlak güç sahibidir, çok bağışlayandır.")

Allah bizden meğer hangimiz güzel amel işleyeceğiz diye yarışmamızı bekliyormuş. Biz neyin derdinde ve yarışındayız? Sana sayayım:

Kim daha güzel giyiniyor.

Kim daha yüksek mevkide.

Kim daha çok para kazanıyor.

Kimin arabası daha lüks.

Kimin oturduğu semt daha güzel.

Daha sayayım mı?

Şimdi biz Kuran'a göre mi yoksa nefse göre mi yaşıyoruz bunun cevabını sen bana ver?

Allah bizleri nefisten ve her türlü şerden korusun. Hâdi ismiyle bizi hidayete erdirsin. Kalplerimize en-Nur ismiyle tecelli etsin. Bizi nefsimizle göz açıp kapatıncaya kadar baş başa bırakmasın.

Evet, bizler maalesef yaşadığını sanan ölüler gibiyiz. Hiçbir şeyden haberi olmayan, koyunlar gibi dolaşan, hep bu dünyada kalacakmış gibi yaşayan akıllı geçinen uyurgezerleriz. Uyanmak gerek... Allah bizi uyananlardan eylesin. Yoksa biz kendi başımıza hiçbir şey yapamıyoruz. Bu yüzden vekil olarak bana Allah yeter. Ne güzel de anlatıyor ayetlerinde kendisine nasıl gelineceğini, nasıl dua edeceğimizi. Allah her şeyi anlatıyor da kulak veren yok!

Allah dua etmeyi bile öğretiyor Kuran'ında.

Birkaç ayet paylaşayım mı?

"Ey Rabb'imiz! Üzerimize sabır yağdır ve Müslüman olarak bizim canımızı al." (Araf, 126)

İnsanlar sana inanmıyor mu? Haksızlığa mı uğradın? Bak ne diyor Rabb'in, Hz. Nuh'un duasıyla sana yönelmeni isteyerek işaret ediyor:

"Ya Rabbi, beni yalancı saymalarına karşı sen yardım et bana." (Müminun, 26)

Eş mi istiyorsun?

"Ey keremi bol Rabb'imiz! Bize gözümüzün, gönlümüzün sürуru olan temiz eşler ve nesiller ihsan eyle, bizi müttakilere (Allah'a saygıda kusur etmeyenlere) önder eyle." (Furkan, 74)

Aile içinde şiddet mi var? Rabb'in sana Hz. Süleyman'ın duasıyla yönelmen için bak ne diyor:

"Ya Rabbi, dedi. Beni nefsime öyle hâkim kıl ki gerek bana, gerek ebeveynime seni razı edecek güzel ve makbul işler yapabileyim. Bir de lütfedip beni hayırlı kullarının arasına dahil eyle." (Neml, 19)

Ayetin derinliğine bakar mısın, her biri diğerinden derin...

"Ya Rabbi, bu dert bana iyice dokundu, sen merhamet edenlerin en merhametli olanısın." (Enbiya, 83-84)

Allah sana kendisine nasıl yöneleceğini bile anlatmış... İşte Kuran böyle hikmetli bir kitaptır.

Yalnız mı kaldın, biri sana yüz mü çevirdi bak ne diyor âlemlerin Rabbi:

"De ki: Bana Allah yeter. O'ndan başka ilah yoktur. Ben ancak O'na tevekkül ettim. O, yüce arşın sahibidir." (Tevbe, 129)

Ben yazarken kalbim dayanmıyor huzura, sen okurken bakalım ne hissedeceksin!..

Kendini ne zaman yorgun ve bitkin hissetsen Rabb'in ayetini, O'nun sana seslenişini anımsa:

"Allah, bir kimseyi ancak gücünün yettiği şeyle yükümlü kılar." (Bakara, 286)

Ve aynı ayet devam eder; sana adeta kendisine zor anında nasıl dua edeceğini öğretiyor Allah:

"Onun kazandığı iyilik kendi yararına, kötülük de kendi zararınadır. (Şöyle diyerek dua ediniz): 'Ey Rabb'imiz! Unutur ya da yanılırsak bizi sorumlu tutma! Ey Rabb'imiz! Bize, bizden öncekilere yüklediğin gibi ağır yük yükleme. Ey Rabb'imiz! Bize gücümüzün yetmediği şeyleri yükleme! Bizi affet, bizi bağışla, bize acı! Sen bizim mevlamızsın. Kâfirler topluluğuna karşı bize yardım et.' "

Kurban olduğum Rabb'im sana açıkça her şeyi anlatmakta, hiçbir şey gizli değil. Aksine her şey, tüm kurtuluş Kuran'ında sana ifade edilmekte.

Allah'ın ne senin Kuran okumana ne de ibadetine ihtiyacı var. O senin kurtuluşun, senin huzurun için bunu istiyor. Çünkü O sonsuz merhamet sahibi rahman ve rahim olandır.

Her şeyin bir kullanma kılavuzu yok mu? İşte insanın da kullanma kılavuzu Kuran'dır. Şayet sevap kazanmaktan öte okuyup idrak etmek adına yaklaşırsan, dost, el-Veli olan Rabb'imiz bize ne buyurmuş diye okursan rahmeti tüm iliklerinde hissedeceksin inşallah. O zaman varlığın aşkla dolup taşacaktır.

Enfal Suresi'nin 64. ayetinde ise Rabb'im yine Peygamber'i aracılığıyla bizlere kendisinin yeteceğini garanti ediyor:

"Ey Peygamber! Sana ve sana uyan müminlere Allah yeter."

Allah'ım, biz kalbimizi kırmak isteyeni,
bize nefsiyle geleni sana sığındırırız.
Sen bize lütfettiğin gibi o kuluna da rahmani
sevginden lütfet

Hayatı aydınlık kılan Allah sevgisidir, şayet en ufak bir olayda kararıyorsa ışığın, bu, senin sevginin zayıflığındandır.

BANA ALLAH YETER

Harunureşit tebdili kıyafet yapmış, veziriyle çarşı pazar gezinirken, halkın ikamet ettiği alandan uzakta bir yerde bir çadır görür. Veziriyle beraber çadıra doğru gelirler. Çadırın önünde yaşlıca bir kadın durmaktadır. Sorarlar:

"Nine bu çadırda mı yaşarsın?"

Yaşlı kadın, "Evet oğul, benle dokuz yaşındaki torunum burada yaşarız, buyrun misafirimiz olun, yol yorgunusunuzdur" der.

Harunureşit kendini tanıtmadan çadıra girerler.

"Nine ne yer ne içersiniz, geçiminiz neyle, nasıl geçinirsiniz?"

"Oğul, Allah'a ne kadar şükretsek azdır, bir keçimiz var onun sütünü sağar geçimimizi sağlarız..."

Uzun sohbetlerden sonra sofra serilir. Sofraya, tepsideki görünümünden anlaşıldığı kadarıyla pişirilmiş bir keçi gelir. Sultan, vezirinin gözlerine bakar.

Bakışmadan sonra yemeğe koyulurlar. Sultan, nineye bu keçinin nerden geldiğini sorar. Nine, "Bizim sağımlık keçiydi, misafirlerimizi ağırlamaya başka bir şeyimiz olmadığı için keçiyi kestik" der. Yemek yendikten sonra Harunureşit ve veziri oradan ayrılmak için toparlanırlar. Ayrılmadan önce, sultan nineye bir zarf verir. "Sıkıntınız olduğu zaman bu zarfın sahibine varın, sizin sıkıntınızı giderir, size yardımcı olur" der ve oradan ayrılırlar.

Harunureşit yolda kendi kendine, "Allah'ım bu ne büyük tevekkül, geçimini sağladığı keçiyi sırf misafir ağırlamak için kesiyor, rızkından korkmadan, endişe etmeden yaşıyor!" diye derin derin düşünür.

Uzun bir zaman sonra, çadırdaki nine geçim sıkıntısı çekmeye başlar. Aklına zarf gelir... Çadırına gelen misafir, "Sıkıntıya düştüğün zaman zarfı sahibine ulaştır, sana yardımcı olur demişti!" Zarfı sandığından çıkarır, oğluna verir. "Oğlum bu zarftaki adama git, geçim sıkıntısında olduğumuzu söyle, belki bize yardımcı olur" der. Çocuk zarfı alır, sora sora büyük bir sarayın önüne gelir, sarayın kapısındaki askerlere zarfı gösterdiğinde kapı açılır, her bir kapıya geldiğinde zarfı gösterdikçe kapılar ardına kadar açılır.

Ta ki Sultan Harunureşit'in odasına girene kadar... Kapının ağzından, sultanın namaz kıldığını görür. İçeride, kapının ağzında bekler. Sultan namazı bitirip namaz sonrası ellerini duaya açar. O sırada çocuk sultana bir daha, bir daha bakar ve oradan hızla uzaklaşır.

Çadıra varınca nine sorar, "Ne yaptın oğlum, o zatı bulabildin mi?"

"Evet nine, o zat, Sultan Harunureşit'ti ama baktım ki o da ellerini yukarı doğru açmış yalvarıyor, bir şeyler istiyor, ben de kendi kendime, sultan dahi olsa ondan bir şeyler istemek nafile, biz de onun yönelip de istediği yerden isteyelim diyerek, bir şey istemeden geri geldim!.."

Nine gülümseyerek oğluna hak verir:

"Doğru dersin oğlum, bir an gaflete düştüm, seni ona gönderdim. Yüce Allah bize, hepimize yeter."

Bu yüzdendir ki:

Dost olarak bana Allah yeter.

Kefil olarak bana Allah yeter.

Rızk veren olarak bana Allah yeter.

Seven olarak bana O'nun sevgisi fazlasıyla yeter.

Şifa veren olarak bana Allah yeter.

Koruyan olarak bana Allah yeter.

Kul hakkımızı alanlara karşı bize Allah yeter.

Ötesi yok ki... Daha ne olabilir? Tüm mevzu, tüm keramet teveccühtedir. Samimiyettedir. Allah'a olan yönelmede şüphesiz, tereddütsüz olmaktadır. İşte o zaman Rabb'in seni unutmadığını göreceksin.

İnsanlar bir uykuda. Manevi olarak da, zihnen de uykudalar. Diyorlar ki: "Allah'ım rahmetini bizden esirgeme!" Şimdi duaya bakar mısın? Allah da emin ol sana şöyle diyordur

"Kulum, ben seni unutmadım ki, benim Basir ismim tecelli etmese nasıl göreceksin?

Benim es-Semi ismim tecelli etmese nasıl işiteceksin? Ben sana bir an "yaşa" demeyi bıraksam ölürsün. Ben sendeyim, şahdamarında... İşte sana bu şekilde yakınım, ancak sen uykudasın. Ben sana kucak açmışım, senin de kucaklamanı bekliyorum ama sen yoksun!"

Evet, Sen zihnin kölesi olmuş, sürekli düşündürülüyorsun.

Ya geçmiştesin, ya gelecekte, ya kaygılar içindesin.

Allah her an seninle de sen kendinde değilsin. İşte sırf bu yüzden insanları silkelemek, onları uyandırmak için terapimizi yapıyoruz. Aldığımız binlerce duayla ayakta kalıyoruz. Kendini bilen, Rabb'ini bilir. Biz kendimizi bilmiyoruz ki Rabb'i bilelim ve hissedelim!

Kendini bilmek sevgiyle gelir, sevgi en büyük rahmetlerdendir. Allah her canlıyı şüphesiz sevgiyle yaratmıştır. Biz de içimizdeki, özümüzdeki sevgiyi, gerçek kaynağı bulduğumuzda tam olarak Allah'ı daha yakından hissetmiş olacağız inşallah.

Bakın sevgi nelere kadir oluyor:

Hıristiyan bir gazeteci soruyor Nihat Hatipoğlu Hoca'ya:

"Sizi dinledikçe İslam'a olan düşmanlığımızın sebebini kendime sormaya başladım. Önyargıyla yaklaştığımızı anladım. Sizin mütevazı duruşunuz ve güler yüzünüz bu dinin güzelliğini yansıtıyor. Elbette ki Hz. Muhammed s.a.v büyük bir insan. Büyük bir devrimdir onun anlattıkları. Fakat ben şunu da özellikle öğrenmek istiyorum: İslam peygamberinin kadınlara olan bakış açısını öğrenmek istiyoruz."

Nihat Hocam cevap veriyor:

"Siz odaya girdiğinizde, babanız hiç ayağa kalkar mı?"

Hıristiyan gazeteci (kadın, tebessüm ediyor):

"Mümkün mü hiç böyle bir şey? Kim uzandığı yataktan kızı için ayağa kalkar ki?"

Nihat Hatipoğlu (tebessüm ederek):

"İşte tanımadığınız Hz. Muhammed s.a.v kızı Hz. Fatıma odaya girdiğinde ayağa kalkar, kızını kucaklardı. Onun kadar zarif bir insan örneği duydunuz mu hiç?"

Evet, sevgiye ulaşmak için öncelikle bizi bizden uzaklaştıran, kendi özümüzden ayrı tutan Şeytan'ı tanımak gerekecek. O bize bu kadar yakın ve sürekli plan içindeyken işimiz gerçekten kolay değildi. Ancak şimdi onu tanıma zamanı geldi. Bu yolda önce hadisi okuyalım, sonra da "Bana Allah yeter" diyerek Allah'ı vekil kılalım...

Şimdi sana Şeytan'ın çok sevdiği işlerden söz edeceğim. Bunu okurken sıkılabilirsin, çünkü Şeytan bundan hiç hoşlanmayacak ama okumana değecek inşallah...

İbni Abbas'tan naklen Muaz bin Cebel rivayet ediyor:

"Bir gün Resulullah Efendimiz Hz. Eyyub El-Ensari'nin evinde ashabıyla sohbet ederlerken, dışarıdan 'Ya Resulullah! Görülecek, halledilecek bir işim var. Halli için içeriye girmeme müsaade buyurur musunuz?' diye bir ses geldi.

Bu sesi işiten Resulullah Efendimiz ashaba döndü:

'Bu sesin sahibinin kim olduğunu biliyor musunuz?'

'Allah ve resulü en iyi bilendir. Sesin sahibinin kim olduğunu bilmiyoruz ya Resulullah!' dediler.

Efendimiz, 'O, melun İblis'tir. Allah'ın laneti onun üzerine olsun' buyurunca Hz. Ömer hemen yerinden fırlayarak, 'Ya Resulullah! İzin veriniz. Onu hemen öldüreyim' dedi.

Efendimiz, 'Dur ya Ömer! Bilmez misin ki ona belli bir vakte kadar mühlet verilmiştir. Buna kimse muktedir değildir. Öldürmeyi aklından çıkar' dedikten sonra şöyle buyurdu:

'Kapıyı açın, gelsin. O, buraya gelmek için emir almıştır. Söyleyeceği sözleri iyice anlamaya çalışınız.'

Resulullah'ın izni üzerine açılan kapıdan melun İblis içeri girdi. Gözleri yukarı doğru açılmış, kafası büyük bir fil kafası gibi, şaşı, köse bir ihtiyar görünümünde İblis, 'Selam sana ya Muhammed! Selam size ey Peygamber ashabı!' diye selam verdi.

İblis'in selamını kimse almadı. Peygamber Efendimiz, 'Selam Allah'ındır ey melun!' buyurarak, 'Bize niçin geldin ya lain?' diye sordu.

İblis, 'Ben de buraya gelmekten çok rahatsız oldum. Allahüteâlâ'nın, bir melekle, habibim Muhammed'e zeliline bir şekilde gidecek ve insanları nasıl aldattığını anlatacaksın. Sana ne sorulursa doğru cevap vereceksin şeklindeki emri üzerine buraya geldim' dedi.

Bunun üzerine Peygamber Efendimiz, 'Ya melun! Söyle bakalım. İnsanlar arasında en çok sevmediğin kimdir?' diye sordu.

İblis, 'Sensin ya Muhammed' diye cevap verdi.

Resulullah bu sefer, 'Benden sonra en çok kimleri sevmezsin?' diye sordu.

İblis, 'Adil devlet reislerini, ilmiyle amel eden âlimi.

Varlığını Allah yoluna adayan müttaki genci.

Sabırlı olan fakiri ki, ihtiyacını üç gün üst üste hiç kimseye anlatmaz, halinden kimseye şikâyet etmez.

Şükreden zengini ki, kazancı helal yoldandır ve rızası için harcar, fakir ve yetimleri korur.

Kuran'ı hıfzederek onunla amel edeni ve beş vakit Allah rızası için ezan okuyan müezzini; dinine bağlı, daima abdestli olan zahidi ve kendini haramdan sakınan merhametli kalp sahibini; helal yiyip cömert olan kişiyi ve Hak için tevazu edip, ahlakı güzel olanı; herkes uyurken gece kalkıp namaz kılanı; Allah için sevişen iki genci.

Cemaatle namaz kılmaya çok istek ve dikkatli mümini; kalbinde bir şey olmaksızın arkadaşlarına nasihat verip, Allah'ın tekeffül ettiğini tasdik edeni; ihlaslı ve tesettüre riayet eden kadınlara yardımcı olan kimseyi; ölüm her an gelecekmiş gibi hazırlık yapan Müslüman'ı hiç sevmem. Bunlar benim can düşmanlarımdır' diye cevap verdi.

Resulullah Efendimiz ile İblis arasında şu konuşma geçti:

'Ümmetim tadil-i erkân üzere namazını eda etse nasıl olursun?'

'Beni bir sıtma tutar, tir tir titrerim. Kul Allah için secde ettikçe bir derece yükselir.'

'Peki, oruç tuttukları zaman?'

'Elim ayağım bağlanır. Ta onlar iftar edinceye kadar.'

'Kuran okudukları zaman?'

'Eririm. Suda eriyen tuz, ateşte eriyen kurşun gibi.'

'Haccetseler?'

'Boynuma bir zincir vurulur.'

'Sadaka verdikleri zaman nasıl olursun?'

'İste o zaman halim çok kötü olur. Sanki sadaka veren başımdan aşağıya beni ikiye böler. Zira sadakada şu hasletler vardır:

Sadaka verenin malı bereketlenir. Allahüteâlâ sadakaları cehennemle arasında perde yapar, her türlü bela, sıkıntı ve üzüntüleri ondan giderir, duaları makbul olur, Kıyamet günü hayırları mizanda ağır gelir.'

İblis'in bu sözlerinden sonra Resulullah Efendimiz, ona sırayla şu soruları sordu:

'Ya melun! Beraber oturduğun arkadaşların kimlerdir?'

'Faiz yiyenler.'

'Dostların kimlerdir?'

'Zina edenler, yalan söyleyenler.'

'Yatak arkadaşların ve hizmetçilerin kimlerdir?'

'İçki içenler, sarhoşlar.'

'Misafirlerin kimlerdir?'

'Hırsızlar.'

'Elçin ve habercilerin kimlerdir?'

'Sihirbazlar.'

'Gözünün nuru nedir?'

'Talaka (karısını boşamak için) yemin edenler.'

'Sevgililerin kimlerdir?'

'Cuma namazını terk edenler.'

'Hazinedarın?'

'Zekât vermeyenler.'

'Peki, ya lain, senin kalbini ne kırar?'

'Allah rızası için cihada giden atların kişnemesi.'

'Senin cismini ne eritir?'

'Günahlarına tövbe edenlerin tövbesi.'

'Ciğerini parçalayan nedir?'

'Gece ve gündüz Allah'a çokça yapılan istiğfar.'

'Peki, yüzünü ne kara eder?'

'Gizlice verilen sadaka.'

'Gözünü kör eden?'

'Teheccüt (gece) namazı.'

'Başını eğdiren?'

'Çokça cemaatle kılınan namaz ve sana devamlı getirilen salavat.'

'Sana göre insanların en sevimlisi kimdir?'

'Namazlarını bile bile bırakanlar.'

'Sana göre insanların en şakisi kimdir?'

'Cömertler.'

'Seni işinden ne alıkoyar?'

'Âlimlerin meclisleri.'

'Ebubekir için ne dersin?'

'Cahiliyet devrinde bile bana itaat etmedi o. İslam'a girdikten sonra mı itaat edip yalan söyleyecek?'

'Peki Ömer için ne dersin?'

'Her gördüğüm yerde ondan kaçarım.'

'Peki Osman için?'

'Ondan pek çok utanırım.'

'Peki ya Ali için ne dersin?'

'Onunla başa çıkamam! Beni kendi başıma bıraksa. Ben de onu bıraksam. Ama o beni bırakmaz.'

Resulullah İblis'in bu sözlerinden sonra şöyle buyurdu:

'Allah'a hamd olsun. Ey şaki ümmetimin saadete kavuşması için ahiretine hazırlanmasını sağladın.'

Bunun üzerine İblis de şöyle dedi:

'Ya Muhammed ümmetinin saadeti için nasıl ferah durursun? Ben o belli vakte kadar sağ kaldıkça, onların kan damarlarında dolaşır, vesvese veririm. Beni yaratan Allah'a yemin ederim ki, onların âlim ve cahillerini, abid ve tacirlerini, velhasıl hepsini azdırırım. Yalnız Allah'ın salih kulları müstesna. İşte onları azdıramam.'

Resulullah Efendimiz, 'Sana göre bu salih kullar kimlerdir ya lain?' diye sorunca İblis:

'O salih kul ki mal ve parayı sevmez, methedilmekten hoşlanmaz, hemen onu bırakır, kaçarım. Bir kimse ki malı, parayı ve övülmeyi sever, kalbi dünya arzularına bağlıdır. İşte o benim en itaatkâr dostumdur.

Sonra benim yetmiş bin çocuğum vardır. Onların her birini bir yere tayin etmişimdir. Her çocuğumun da yetmiş bin şeytanı vardır.

Onların bir kısmını ulemaya, bir kısmım meşayihe, bir kısmını ihtiyar kadınlara musallat ettim. Bir kısmını gençlere ve çocuklara gönderdim. Gençlerle aramız gayet iyidir. Çocuklarla da bizimkilerin istedikleri gibi oynarlar. Bir kısmını da abid ve zahitlere yolladım. Her taraflarından hücum ederler. Öyle bir hale gelirler ki, başlarlar, çeşitli sebeplerden herhangi birine sövmeye. İşte böylece ihlasları gider. Yaptıkları ibadetleri ihlassız olur. Fakat bu durumlarının farkında olamazlar.

Resulullah ile İblis arasındaki konuşma şöyle devam etti:

'Rabb'inden neler talep ettin?'

'On şey talep ettim.'

'Nedir o talep ettiklerin ey melun?'

'Şunlardır: Birincisi, Allah'tan beni, âdemoğullarının malına ve evladına ortak etmesini diledim. Bu ortaklık talebimi yerine getirdi. Ki bu 'Onların mallarına ve çocuklarına ortak ol. Onlara vaat et. Halbuki Şeytan onlara aldatıştan başka ne vaat eder' (İsra, 64) ayet-i celilesiyle sabittir.

Besmelesiz kesilen her hayvanın etinden, faiz ve haram karışan her yemekten yerim.

Şeytan'dan, Allah'a sığınılmayan malın da ortağıyım. Öyle ki, cinsi münasebet anında besmele çekmeyip

Şeytan'dan Allah'a sığınmayan kimseyle birlikte, hanımıyla birleşirim. Ve o birleşmeden hâsıl olan çocuk bize itaat eder, sözümüzü dinler.

Her kim hayvana (veya vasıtaya) binerken haram yola gitmeyi isteyerek binerse ben de onunla beraber binerim. Ona yol arkadaşı olurum. Bu da ayetle sabittir. Allahüteâlâ bana şu emri verdi: 'Onlar üzerine süvarilerinle, piyadelerinle yaygara çıkart.' (İsra, 64)

Kendime kardeşler istedim. Bana mallarını israf edenler ile masiyet yoluna para harcayanları verdi.

Bu da şu ayet-i celileyle sabittir: 'Çünkü (mallarını) saçıp savuranlar şeytanların kardeşleri olmuşlardır. Şeytan ise Rabb'ine (karşı) çok nankördür.'

'Ben âdemoğullarını görebileyim, fakat onlar beni görmesinler diye diledim. Kabul etti.'

Bunun üzerine Resulullah şöyle buyurdu:

'Eğer bu söylediklerini Allah'ın kitabındaki ayetlerle ispat etmeseydin seni tasdiklemezdim.'

Ya Muhammed, ben hiç kimseyi azdırmaya, dalalete düşürmeye kadir değilim. Ancak vesvese vererek kötü bir şeyi güzel gösterebilirim. Eğer dalalete düşürmeye imkânım olsaydı, dünyada Allah'a ve peygamberlerine inanan hiçbir insan bırakmaz, hepsini dalalete ve küfre sürüklerdim.

Nasıl ki, sen de, hidayete kadir değilsin. Zira sen ancak Allah'ın resulüsün ve tebliğe memursun. Şayet hidayet elinde olsaydı yeryüzünde tek kâfir bırakmazdın.

Sen, Allah'ın mümin kulları için bir hüccetsin... Ben de, kendisi için ezelde şekavet yazılan kimselere bir sebebim.

Hidayet de, dalalet de ancak Allah'tandır.' "

"Şeytan onlara vaat eder, olmayacak kuruntulara ve ümitlere düşürür. Fakat Şeytan onlara kuru bir aldatmadan başka ne vaat eder?

İşte onların (aldananların) varacakları yer cehennemdir. Oradan kaçacak bir yer de bulamayacaklardır." (Nisa, 120-121)

"Kuran okuduğun vakit, o kovulmuş şeytandan Allah'a sığın.

Hakikat şu ki iman edip de Rab'lerine tevekkül edenler üzerinde o şeytanın herhangi bir hâkimiyeti yoktur.

Onun hâkimiyeti ancak, kendisini dost edinenlere ve Allah'a ortak koşanlaradır." (Nahl, 98-99-100)

Evet, artık işimiz Allah'ın izniyle daha kolay. Şimdi bu bilinçten sonra Allah'tan hâdi olan Rabb'imizden hidayet isteyelim. O her şeye kadirdir. Vedud olan Rabb'imiz kendisini daha çok sevmeyi bizlere nasip etsin. Kendisini daha çok hissetmeyi ve dost olabilmeyi bizlere nasip etsin. Âmin.

Mümin kalbinin önünde nöbet tutan bir bekçidir. İçeriye Allah rızası olmayan hiçbir şeyi sokmaz.

Sana sık sık Efendimiz'in kıssalarından, hadislerinden söz ediyorum. Çünkü ben kendi içimde bu kıssaları yaşarken orada oluyorum, isterim ki sen de o ortamda ol. Efendimiz'in bulunduğu ortamı, orada geçen konuşmaları hisset. Hisset ki ruhun doysun, kalp gözün açılsın. İnsanlar soruyor "Hocam para insanı bozar mı?" diye. Para bir araçtır. Şayet para bir amaç olursa bu senin ruhunu kirletecektir. Sen paranın kölesi haline gelirsin.

Şu kıssaya kulak verir misin:

Resul-i Ekrem her zamanki gibi meclisinde oturmuş ve dostları da etrafında halka şeklinde, onu bir yüzük taşı gibi ortaya almışlardı. Bu arada eski püskü elbiseli fakir bir Müslüman kapıdan içeriye girdi. İslami âdetlere göre herkes hangi mevkide olursa olsun bir meclise girince nerede boş yer bulursa hemen oraya oturmalıdır.

Gelen adam etrafına bakındı ve boş bir yer buldu, gitti oraya oturdu. Tesadüfen ileri gelen zenginlerden birisinin yanına oturmuştu. Zengin adam elbisesini toplayarak ondan biraz uzaklaştı.

Bu hareketleri izleyen Resul-i Ekrem ona dönerek, "Fakirliğinden sana bir şey geçer diye mi korktun?" diye sordu.

"Hayır ya Resulullah."

"Servetinden ona bir pay düşer diye mi korktun?"

"Hayır ya Resulullah."

"Elbiselerin kirlenir diye mi korktun?"

"Hayır ya Resulullah."

"O halde niçin yanından uzaklaşıp bir kenara çekildin?"

"Yanlış bir iş yaptığımı ve hata ettiğimi itiraf ediyorum. Şimdi bu hatamın telafisi ve bu günahımın kefareti olarak servetimin yarısını bu Müslüman kardeşime vermeye hazırım. Çünkü ona karşı yanlış bir hareket yaptım. Beni bağışlayın ya Resulullah."

Eski püskü giyimli adam itiraz etti:

"Fakat ben bunu kabul etmeye hazır değilim."

Cemaat sordu:

"Niçin?"

Fakir Müslüman "Çünkü bir gün beni de bir gururun sarmasından ve bir Müslüman kardeşime, bugün bu şahsın bana yaptığı hareketi yapmaktan korkuyorum" diye cevap verdi.

Allah
"Her zorlukla birlikte bir kolaylık vardır" diyor
ayetinde, sen ise zorluğa odaklandığın için kolaylığı,
o ilahi rahmeti göremiyorsun!

NİÇİN BU KADAR ZORLUK YAŞIYORUZ?

Siz sadece zorluk yaşadığınızı sanıyorsunuz! Siz hiç zorluk gördünüz mü? Allah sevdiği kullarını derece olarak onları kendine yaklaştırmak için onlara sıkıntı, musibet verir. Bu yol dikenlidir, yükseldikçe kolun kanadın, yüreğin kanar. Niçin "Sen hiç zorluk gördün mü?" diye sorarak başladım.

Çünkü biz Efendimiz yaşadıklarının binde birini yaşamıyoruz. Sen hiç altı yavrunu, canını toprağa verdin mi? İşte o ki Allah'ın dostu, "Sen olmasan ben bu âlemi yaratmazdım" dediği Muhammed'i, Hz. Fatıma Annemiz dışında altı yavrusunu kendi elleriyle vermişti toprağa.

Sonra müşriklerin kendisine yaptıklarına ne diyeceksin...

Bir varlık var ki, tevazu içinde, yalan nedir bilmez, gözü harama kapalı, meleklerin imrendiği bir insan ve taş atılmaya, üzerine tükürülmeye maruz kalıyor. Üzerine o kadar çok geliyorlar ki, arkasından o kadar çok plan yapıyorlar ki melunlar... Ama Allah onu koruyor. "Vekili Allah olanın derdi huzur olur" demiştik.

Bir gün namaz kılarken müşrikler tam secde anında deve pisliğini alıp Efendimiz'in ensesine bırakıyorlar. Kahkaha içinde yaptıkları hakareti izlerken, Efendimiz Allah'ın huzurunda olmanın huşusuyla istifini bile bozmuyor...

Haber geliyor evine, Muhammed'le müşrikler alay ediyorlar, onun ensesine deve pisliği koyuyorlar diye. Hz. Fatıma Annemiz henüz on yaşlarında. Nasıl koşuyor, canını dişine takarak. Sanki peşinde bir yırtıcı hayvan var ve onu kovalıyor... Ama Peygamber kızı babasına koşuyor. Duydu ya babasının ensesine deve pisliği koyduklarını, kulakları işitti ya Allah nebisine eziyet ettiklerini, nasıl evde otursun!

Yalınayak koşuyor Fatıma Annemiz, ayakları kanıyor, ama kim hisseder o an bu acıyı, onun yüreği yanıyor çünkü. Ve yaklaştığında babasına doğru görüyor ki hâlâ deve pisliği ensesinde... Allah resulü işte böyle saatlerce kalırdı secdede... Ve temizliyor o pisliği Hz. Fatıma Annemiz... O an melekler bile ağlar haline, tutamazlar gözyaşını. En sevgilinin üzerine yapılan bu oyuna kim razı gelebilir? O müşrikler gülerek izliyor olanı... Henüz on yaşında Fatıma Annemiz. Pisliği temizliyor ve dönüp müşriklere kızıyor, üzerilerine yürüyor... İşte böyle bir sevgi vardı sahabede, işte böyle yüce sevgi vardı Efendimiz'de ve ailesinde... Böyle büyük sabır vardı Allah'ın nebisinde...

Sıkıntı bitmiyordu ki... Hz. Hatice, ilk eşi Nebi'nin. Müslümanlığın yayılmasında kendisine en büyük desteği sağlayan Hz. Hatice... İlk vahiy geldiğinde, titreyerek eve koşup yatağa girerek eşi Hz. Hatice'den üzerini örtmesini istediğinde ve uyandıktan sonra başından geçenleri anlattıktan sonra, "Allah hiçbir zaman seni utandırıp üzmeyecektir, çünkü sen akrabanı gözetir, doğruyu söyler, âcizlerin ellerinden tutarsın. Yoksullara yardım eder, misafirleri ağırlarsın. Haksızlığa uğrayanların yanında yer alırsın..."

diyerek şüphesiz ona inanıp destek olan bir Hatice... Son nefesinde bile Efendimiz'i düşünen bir Hatice...

İşte o Hatice şimdi ölüyordu... Sol yanıydı Allah nebisinin...

Hz. Hatice yatağa düştüğünün dördüncü günü bir hayli ağırlaştı. Ruhu dudaklarına kadar gelmiş, uçacağı yerde, ebedi hayat ülkelerine doğru bakıyordu.

Dördüncü gün, ikindiye doğru, Hz. Muhammed s.a.v, Hz. Hatice'ye bir kere daha eğildi. Sevgi dolu gözlerle bakıyordu zevcesine. Yerine getirilmemiş bir muradı olup olmadığını sordu.

Hz. Hatice, buna cevap verecek yerde, kapıya baktı. O anda da kapı açıldı. Köle Meysere içeriye girdi.

Sarsıla sarsıla ağlıyordu Meysere. Güçlükle yatağa ilerledi, diz çöktü. Elinde bir saksı vardı. Onu Hz. Hatice'ye uzattı.

Kalbini dökmeye başladı:

"Ey sahibem! Ey ilk inanan! Ey en temiz, ulu kadın! Ne olursun aç gözlerini. Kölen, dünya ve ahiretteki hizmetkârın Meysere seferden döndü. Çok kazandık. Yine yoksulların yüzü gülecek, ocakları şenlenecek. Bana ancak bir hediye kabul edeceğini söylemiştin. Bu sözlerin beni ihya etmişti. Bilirim yıllardan beri, sen kırmızı beyaz çiçekleri seversin. Bu saksıda da aynı renkten iki çiçek var. Şam'dan aldım. Çölün güneşinden, ayazından sakına sakına getirdim. Makbule geçeceğini ümit ediyorum."

Hz. Hatice gözlerini açtı. Saksıya baktı. İçinde kırmızı

beyaz karanfiller açmıştı. Çok hislendi, tatlı tatlı güldü. Bir zamanlar Hz. Muhammed s.a.v da kalbini, saksıdaki kırmızı çiçeğin yanına bir kır çiçeği dikerek açmamış mıydı Hz. Hatice'ye? O günleri yaşadı Hz. Hatice. Rahatlamıştı.

Dünyaya bir kere daha baktı. Dünya, bilgi ve barışın, gayret ve inancın sembolü al beyaz renklere sarınmış, gururla dönüp duruyordu. Aydınlığı diğer âlemlere vuruyordu.

Bakışları hâlâ saksıdaydı Hz. Hatice'nin. Ondaki çiçeklerdeydi. Pencerenin önünden bir beyazlık süzülüp geçti. Yükseldi... Yükseldi...

Belki bir kuştu o. Geç kalmış, yuvasına dönen bir kuş. Belki de bu kuş bir zamanlar Varaka'nın, adından ilham aldığı ve onu Hz. Hatice'ye taktığı erken doğan, erken uyanan Hadiç kuşuydu. Henüz gece bastırmamıştı ama o yine acele ediyordu.

İhtimal Hadiç kuşu da değildi o beyazlık. Saatlerden beri Hz. Hatice'nin dudaklarında gezinen ruhuydu. Kanatlanmış, altmış beş yıl barındığı yuvasından havalanmıştı.

Artık yoktu Hatice'si. Artık yoktu Nebi'nin sol yanı... Yine hayat ona en ağır darbeyi vurmuştu. Ama Hz. Peygamber bu darbelere, bu zorluklara bizler gibi isyan etmiyordu! Onun imanı da tevekkülü de o kadar güçlüydü ki, keşke bizler binde biri olabilsek!

O biliyordu ki her zorluk Allah'a yaklaştırıyordu kendisini... Ahirette gerçek dünya yurdunda alacaktı ecrini...

Onun dünyayla bir işi yoktu ki... Dünyanın sıkıntısı Peygamber'i nasıl üzebilirdi?

Hz. Ömer bir gün sessizce, Peygamber'imizin dinlenmekte olduğu odaya girer. Bir an çevresine göz gezdirir. Odasının bir yanında işlenmiş bir deri, bir diğer köşesinde de, içinde birkaç avuç arpa bulunan küçük bir torba vardır. İşte Allah resulünün odasında bulunan eşyalar bundan ibaretti. Bu manzara karşısında ağlamaya başlayan Hz. Ömer'in hıçkırıkları onu uyandırır. Kalkınca üzerinde yattığı hasırın vücudunda iz yaptığını, iz olan yere kan oturduğunu gören Hz. Ömer bu kez omuzları sarsıla sarsıla ağlamaya başlar. Hz. Muhammed s.a.v hayretle sorar:

"Ey Hattab oğlu! Niçin ağlıyorsun?"

"Ey Allah'ın elçisi! İranlılar imparatorlarını saraylarda yaşatırken, Bizanslılar kayserlerini lüks ve ihtişama boğmuşken sen ki Allah'ın elçisisin... İzin versen de, biz de seni..."

Maksat anlaşılmıştır, Allah'ın elçisi gelecekteki halifesinin sözünü hüzünlü bir tebessüm, tatlı bir el işaretiyle keser ve "Bu dünya hayatı sadece bir eğlence ve oyundan ibarettir. Ahiret yurduna gelince, işte asıl hayat odur. Keşke bilmiş olsalardı." (Ankebut, 64) ayetini okuduktan sonra ekler:

"İstemez misin ey Ömer? Dünya onların olsun, ahiret bizim olsun!.."

İşte ahireti yaşayan, ölmeden önce ölen bir Peygamber'imiz vardı. Şimdi biz yaşadıklarımıza zorluk diyoruz öyle mi?

Altında araban, yahut da otobüs, gideceğin yere kolayca gidersin... Öyle deve, sıcak ve çöl de yok... Ocağında en az üç çeşit yemek ve zorluk yaşıyoruz öyle mi? Hz. Peygamber iki çeşit kap yemeği bir arada görmedi ki!..

Neyin zorluğundan bana söz ediyorsunuz? Hâlâ mı şükretmiyorsunuz? Ne kadar da az şükrediyorsunuz" diyor Rabb'im ayetinde... Ama uyuyoruz bizler... Öyle derin bir uykuda ki insan... Ah ah bir anlasa, bir uyansa... Şu dünya denen âlemin iki vakit arası kadar kısa olduğunu bir idrak ederek yaşasak...

Sıkıntıya değil sana sıkıntıyı sürekli hatırlatan zihne bak.
O tam bir şarlatan olmuş durumda.
Zihni İblis'e kaptırdın.
Çözüm ise bol zikir ve tefekkürdedir.

ÖLMEDEN ÖNCE ÖLMEK

Ölmeden önce ölmen gerektiğini konu başlığı olarak birçok bilgelik, sufilik kitaplarında okumuşsundur. Şimdi bunu yaşamına uygulamanı isterim. Nedir ölmeden önce ölmek? Zihni terk etmektir ölmek, hakikate erişmektir ölmeden önce ölmek. Hakikat nedir? Hakikat Allah'tır, her şey bir rüyadır, tek gerçek O'dur.

İşte bizler ölmeden önce ölmenin, bu dünyadayken Rabb'i bulmak olduğunun tam idrakinde yaşamalıyız... Biz dünyayı asırlık sanıyoruz... Zihin bu konuda bizi tamamen uyutuyor, bu yüzden toplumun manevi anlamda da uyanması gerekir.

İşte bu manevi uyanışın ilk adımıdır ölmeden önce ölmek... Rabb'imiz diyor ki: "Tekrar kabirden dirildiğin gün iki vakit arası kadar yaşadığını anlayacaksın." Ve işte biz o an şunu söyleyeceğiz: Allah'ım bu kadar kısa mıydı yaşadığımız şu ömür?

Hepsini toplasan şu birkaç saat mi?

İnsanlar bana soruyorlar: "Hocam dünyada neden bu kadar ıstırap var. Suriye'de, Arakan'da, Mısır'da insanlar öldürülüyor. Allah niçin yardımcı olmuyor, göz yumuyor?"

Sen zihninle hakikati göremezsin, melun Şeytan da sana

vesveseyi vererek bu şekilde fitne tohumu eker, Allah'ın hikmetine sual ettirir! Apaçık bir isyana, küfre girersin. Her şeyin bir tekâmülü vardır. Merhamet edenlerin en merhametlisidir Allah, O ki rahman ve rahim olandır... Şimdi sen o ölen kardeşlerimiz için merhamet ederek üzülüyorsun da Allah sessiz mi kalıyor sanıyorsun?

Hayır! Nereden biliyorsun o kavmin yaşasaydı günahkâr olmayacağını, nereden biliyorsun o kavmin helak olmayacağını?.. Rabb'in onları yanına aldıysa bu gerçek yurt, ahiret yurdu için bir hasenedir, ecirdir. Sen ecir nedir bilir misin?

O Allah katında manevi bir mükâfattır kuluna verdiği... Tegabün Suresi'nin 15. ayetinde Rabb'imiz veriyor mesajı kuluna: "Mallarınız ve çocuklarınız ancak birer imtihandır; Allah katında ise büyük bir mükâfat (ecir) vardır."

Her belaya, her sıkıntıya Allah bir sevap yazar... O kadar merhametlidir ki Rabb'imiz, kul sevap işlediğinde sağ tarafındaki melek on sevap yazarken, bir günah işlediğinde sol tarafındaki meleğe "yazma" der. Bekle. Belki kulum akşam yatana kadar tövbe eder... İşte o kadar merhamet sahibi, merhamet edenlerin en merhametlisi bir Rabb'imiz var bizim...

Bir ayakkabı giydiğinde bile zorlandığın için sevap yazan Allah'ımız var bizim. Senin sıkıntına ecir vermeyecek mi sanıyorsun? Tüm bunları ölünce anlayacaksın, istiyorum ki ölmeden önce anla!

Bu dünyada en değerli nedir senin için? Evlat mı? Altın mı? Para mı? Elmas mı?

Ahiret yurdunda en değerli olan, o din gününde en çok değerli olan "ecir"dir. Bu yüzden bizler bu dünyada kaybettiklerimiz için seviniriz, Mutlaka Allah bunu ecir olarak bize kaydeder.

Biz ölmeden önce ölürüz... Yukarı çıkar ahireti, mizanı, din gününü yaşarız. İşte o an önümüzü serilmiştir amel defterimiz. Deriz ki: "Rabb'im farkında olarak veya olmayarak ne kadar günah işlemişim.. Ama şu yaşadığım sıkıntı var ya, o gün isyan ettiğim şu hastalık, şu maddi kayıp yahut da şu bela.. Rabb'im şimdi seni daha iyi anlıyorum. İyi ki bana onu yaşatmışsın. Yoksa ben bu din gününde helak edilenlerin içinde olacaktım. Sen ne kadar büyüksün ya Rabbi. Bu derdi bana yazdığında üzülmüştüm, hakikati şimdi görüyorum. Bizim şer sandığımızda hayır, hayır sandığımızda ise şer varmış. Rabb'im idrak ettim. Uyandım. Hamd olsun..."

İşte budur uyanmak. İşte budur ölmeden önce ölmenin hali... Ben sana bilgi vermiyorum, ben sana bilgiyi yaşamına sokman için cevapları, içinde göremediğin cevapları, kapalı kodları açmana vesile oluyorum. Hepsi bu...

Arif iki türlüdür, bir ilim bilen bir de baktığı her yerde Rabb'ini gören!

Ben senin bu dünyadayken Rabb'i bulmandan yanayım, tüm dileğim hakikate uyanmana vesile olmak...

Sana az önce birkaç hadis anlatmıştım ve bunları da yüreğine yazmanı isterim:

"Afiyette olan, kıyamette, belaya maruz kalanlara verilen sevapların çokluğunu görünce, 'Keşke dünya-

dayken derilerimiz makasla kesilseydi' diyeceklerdir." (Tirmizi)

"Kul için Allahüteâlâ katında öyle bir derece vardır ki, ameliyle o dereceye kavuşamaz. Belaya müptela olunca, o dereceye kavuşur." (Ebu Nuaym)

Bir zamanlar birisi Allah'tan bir çiçek ve bir kelebek diledi. Fakat Allah bunların yerine ona bir kaktüs ve bir tırtıl verdi.

Adam üzgündü, neden dileği yanlış anlaşılmıştı, bir anlam veremiyordu.

Sonra şöyle düşündü; Allah'ın ilgilenmesi gereken o kadar çok insan var ki... Ve sorgulamamaya karar verdi.

Bir zaman sonra, adam öylece bıraktığı dileğinin ne durumda olduğuna bakmaya gitti. Fakat gördüklerine inanamadı; dikenli ve çirkin kaktüsten güzel bir çiçek ortaya çıkmıştı. Ve göz zevkini bozan tırtıl harika bir kelebeğe dönüşmüştü.

Allah en iyisini bilir. Biz yanlış görürüz, O ise her zaman en doğrusunu sunar.

Allah'tan bir şey istediğimiz vakit O size farklı bir şey verirse O'na güvenin ve tevekkül edin. Her şeyin bir vakti vardır. Ölümün, doğumun, terfinin...

Her zaman, ihtiyaç duyduğumuz şeyi uygun zamanda vereceğine emin olarak rahatlıkla şüphesiz bekleyin Rabb'imizin rahmetini.

İstediklerimiz her zaman ihtiyacınız olan şeyler olmayabilir.

Allah dileklerimizi her zaman kendi uygun gördüğü vakit yerine getirir, o yüzden kuşkulanmadan veya şikâyet etmeden O'na inanmaya ve sığınmaya devam edin.

Bugün diken ise yarın çiçek oluverir!

Allah, seçimi kendisine bırakanlara, tevekkül eden kullarına en iyisini verir!

Sadece derdin içine bak; kalbinle baktığında acının içinde Allah'ı ve sana verdiği manevi mükâfatı göreceksin...

Kalbin kırıldığında Allah
oraya merhem olmak için gelir kapıyı çalar da sen
zihnindeki
gürültüden kapının sesini
duymazsın!

DUANIN GÜCÜ

Bir gün fakirliği giyiminden belli olan bir kadın yüzünde bir hüzünle manava girer. Dükkân sahibine mahcup bir şekilde yaklaşır.

Kocasının çok hasta olduğunu, çalışamaz duruma düştüğünü ve yedi çocuğuyla birlikte aç kaldıklarını, yiyeceğe ihtiyaçları olduğunu söyler.

Manav ona ters ters bakarak derhal dükkândan çıkmasını ister. Kadın ailesinin ihtiyaçlarını düşünerek "Lütfen efendim" der, "paramız olur olmaz getirip ödeyeceğim."

Manav kendisine bir kredi açamayacağını, çünkü onun eski müşterisi olmadığını, kendisinde bir hesabının bulunmadığını söyler.

O sırada dükkânın dışında bekleyen bir müşteri ikisinin arasında devam eden bu konuşmayı dinlemektedir.

İçeriye girerek manava yaklaşır ve "Ben o kadının almak istediklerine kefilim" der. "Ailesinin ihtiyacı olan şeyleri ona ver."

Bunun üzerine manav çok isteksiz bir tavırla kadına döner ve "Bir alışveriş listen var mıydı?" diye sorar.

Kadın "Evet efendim" der.

"Tamam" der manav, "şimdi onu şu terazinin kefesine koy, onun ağırlığınca diğer kefeye istediklerinden koyacağım."

Kadın bir an duraklar, sonra başını öne eğer ve çantasını açarak üzerine bir şeyler karalanmış kâğıt parçasını çıkarır, manavın kendisine gösterdiği kefeye özenle bırakır. Manav ve diğer müşterinin gözleri terazinin kefesine dikilirken hayretle büyümüştür. Manav müşteriye dönerek kısık bir sesle "İnanmıyorum" der. İnanılacak gibi değildir. Müşteri manava gülerken manav çoktan diğer kefeye eline geçeni doldurmaya başlamıştır ama nafile, diğer kefeyi yerinden bile kıpırdatamamıştır. Terazinin kefesi artık üzerindekileri almayacak kadar dolduğunda, çaresiz hepsini bir torbaya doldurarak kadına verir. Şaşkınlıkla üzerinde bir şeyler yazan kâğıdı eline alır ve okur. Bir de bakar ki orada bir alışveriş listesi yoktur. Sadece bir dua yazılıdır:

"Allah'ım! Neye ihtiyacım olduğunu ancak sen bilirsin. Kendimi sana teslim ediyorum."

Manav taş gibi bir sessizliğe bürünmüştür. Kadın kendisine teşekkür ederek dükkândan ayrılır. Müşteri manavın eline para tutuştururken "Her kuruşuna değdi" der. Daha sonra manav terazisinin kefelerinin kırılmış olduğunu görür. Bu nedenle duanın ne kadar ağır çektiğini sadece allah bilir.

Geçen gün bir danışanım bana sormuştu: "Dua etmek için hocam Kuran'ı okudum fakat Allah çoğu ayetinde kendisini övmemizi istiyor. Şükredin, hamd edin... Neredeyse Kuran hep bu şekilde dualarla, Allah'ın kendisine hamd etmemizi istemesiyle dolu. Buna ihtiyacı mı var?"

İşte Şeytan'ın en büyük vesveselerinden biridir bu... İnsan zihniyle ne kadarını görebilecek ki hemen de suale ve sorguya düşer? Allah'ın senin hamdına, senin şükrüne, senin duana ihtiyacı yok. Samed'dir O... Hiçbir şeye ihtiyaç duymayan, her şeyin kendisine muhtaç olduğudur.

Allah sizden şükretmenizi isterken, ne kadar da az şükrediyorsunuz diye ayetinde belirtirken bunu kendisi için değil kulu için istiyor. İnsanın içinde kodlar vardır kilitli... Her bir kod açılmak ister,hepsinin açılması gerekir. Derece olarak insan ilim kazandıkça ve bu ilmi hayatına soktukça Allah katında yükselir.

Sen her dert çektiğinde, sabrettiğinde derecen artar; sen şükredip hamd ettiğinde Rabb'ine olan yakınlığında derecen artar. Sen her Kuran okuduğunda her bir satır için derecen artar. Her iyilik yaptığında derecen artar.

Allah'ın buna ihtiyacı var mıdır? Senin sabrını, şükrünü, kuluna merhamet ettiği için istemektedir. Senin duana Allah'ın ihtiyacı yok ki? Sen her dua ettiğinde derecen, Allah'a yakınlığın artar. Yükseliştir dua... Yükselmektir sabır.

Zihninle bakarsan kaybettim sanırın, oysa insan kazananlardandır ama derin uykuda olduğu için göremez.

Dua işte bu yüzden güçlüdür, duanın enerjisi bu yüzden büyüktür. Dua sadece istemek, yönelmek değil, daha da ötesinde yükselmektir. Arşa uzanmak, oraya yakınlaşmaktır. Dua edince etrafındaki rahmetin, enerjinin farkında olsaydın huzuru iliklerine kadar hissederdin. Ama sen dua ederken Allah'ı hissetmekten öte derdine odaklanıyorsun, istediklerine odaklanıyorsun. Dostluğa, rahmete odaklanmıyorsun... Vay zavallı kulun haline, her gün onlarca kez dua eder de bu rahmeti kaçırır!

Allah'tan başka dost ve yardımcı arayan kul uykudadır!

Dua benim anahtarım,
tevekkül ise kapımdır.
Ötesinde ise Rabb'im vardır.

***Allah hayır etsin derler.
Allah zaten hayır ediyor da sen şer bakıyorsun!..***

RIZK ŞÜPHESİZ ALLAH'TANDIR

Süleyman Peygamber tükenmez derecede yeraltı ve yerüstü zenginliklerine sahipti. Aynı zamanda da insanlara, cinlere, kuşlara, yırtıcı hayvanlara ve rüzgârlara hâkimdi.

İşte bu maddi ve manevi saltanat içinde bir gün Hz. Süleyman Allah'tan şu niyazda bulundu: "Rabb'im bana izin ver de yeryüzünde yaşayan tüm varlıkların bir yıllık yiyeceğini vereyim." Yüce Allah ise şu cevabı verdi: "Ey Süleyman! Senin bu işe gücün yetmez. Sen bu işi başaramazsın." Süleyman Peygamber, "Öyleyse bir günlük yiyeceklerini vermeme izin ver" diye yalvarınca yüce Allah izin verdi.

Bunun üzerine Hz. Süleyman yeryüzünde yaşayan bütün insan ve cinlerin bir araya toplanmalarını ve yeryüzü canlılarına yetecek derecede yiyecek ve içecek hazırlamalarını emretti. İnsanlar ve cinler toplanarak tam kırk gün yiyecek ve içecek hazırlamakla uğraştılar. Yiyecek ve içecekler hazırlandıktan sonra Süleyman Peygamber rüzgâra emrederek, "Sakın esmeye kalkışmayasın. Çünkü yiyecek ve içecekler ekşir" dedi.

Yiyecek ve içecekler geniş bir meydana sıralandı. Sofralar öylesine büyüktüler ki, bir sofranın uzunluğu yaya olarak bir aylık yol tutuyordu. Varın siz sofraların kurulduğu meydanın genişliğini hesaplayın.

Sonra yüce Allah, Hz. Süleyman'a önce kara ve deniz hayvanlarını doyurması gerektiğini bildirerek, denizlerdeki ba-

lıkların sofraların kurulduğu meydana akın etmelerini emretti. Bütün balıklar birer birer gelerek, "Ey Süleyman! Bugün yemeğimizi senden yiyeceğiz. Bu, yüce Allah'ın emridir" dediler. Süleyman Peygamber de, "Hoş geldiniz. Buyurun. İşte yemekler" diye cevap verdi.

Balıklar bir iki lokma attıktan sonra baktılar ki önlerinde bütün yiyecekler tükenmiş, hep birden, "Ey Süleyman! Mademki bizleri davet ettin. Karınlarımızı doyur bakalım. Çünkü aç kaldık" diye feryada başladılar. Bunun üzerine Hz. Süleyman ne kadar büyük bir hataya düştüğünü kavrayarak secdeye kapandı ve kâinatın ortaksız sahibi olan Allah'a şöyle dua etti:

"İnsan aklının kavrayamayacağı şekilde bütün varlıkları üzerine alan Allah'ı noksanlıklardan tenzih ederim."

Terapiye gelen danışanlarımın, okurlarımın en çok sorduğu suallerden biridir: "Hocam niçin biz Allah'a o kadar dua ediyoruz, güzel niyetlerde bulunuyoruz da geçim sıkıntısı yaşıyoruz? Müslüman olmayanların veya ibadetlerini tam olarak yerine getirmeyen insanların çoğu ise zengin, geçim sıkıntısı yaşamıyor?

Belki sen de içinden bu vesveseyi geçirmişsindir...

Kıtlık, rızk azalması musibet olarak geçer ve Allah her musibet için insana cennette üç yüz derece verir. Her derece aralığı yer ile gök arası kadardır. Biz âlimlerimizden, veli kullardan böyle öğrendik.

Bakara Suresi'nin 155. ayetinde zaten Allah açıkça belirtiyor:

"Ant olsun ki sizi biraz korku, açlık, mallardan, canlardan ve ürünlerden biraz azalma (fakirlik)le imtihan edeceğiz. Ey Peygamber! Sabredenleri müjdele!"

Ve sabreden kullarına da müjdeyi yine aynı surenin 156. ayetinde veriyor:

"O sabredenler, kendilerine bir bela geldiği zaman 'Biz Allah'ın kullarıyız ve biz O'na döneceğiz' derler."

Kim düşünürmüş bu şekilde, hangi kul? Elbette sabreden kul...

Allah bizleri, bazen malımız, rızkımız, bazen evlatlarımız, bazen ilişkilerle sınıyor. Efendimiz hadis olarak da sesleniyor bize ama hadis okuyan, hayatına uygulayan kul nerede!..

"Allah kulunu sevince ona belalar gönderir. Bela gönderdiği vakit de belalara sabretme kuvveti verir." (Ahmet bin Hanbel, *Müsned*, 5/428; Taberani)

Ve yine âlemlere rahmet olarak gönderilen Efendimiz diyor ki: "Bela ve musibet önce peygamberlere, sonra evliyalara, sonra da benzerlerine gelir." (Tirmizi, Züht, Ahmet bin Hanbel, İbni Mace)

"En şiddetli bela, enbiya, evliya ve benzerlerine gelir. Kişi imanının sağlamlığı nispetinde belaya maruz kalır. İmanı sağlam ise belası şiddetli, imanı zayıf ise hafif olur." (Tirmizi)

"Hak teâlâ buyurdu ki: 'Bedenine, evladına veya malına bir musibet gelen, sabr-ı cemille karşılarsa, kıyamette ona hesap sormaya hayâ ederim.' " (Hakim)

Şimdi sen otur da niçin bela bana uğramıyor diye üzül! Yahut da o imrendiğin kişiler üzülsünler Rabb'im ben ferah içinde yaşıyorum yoksa ben velilerin arasında değil miyim diye...

Her şeyden öte Allah'a tevekkül etmeyi bilmiyoruz. En büyük eksiğimiz bu. Cahiliz cahil... Kara cahillik bu olsa gerek! İstediğin kadar oku, eğitim al, seminerlere katıl, ceo ol vs. Allah'a tevekkülde zayıfsam eğer benim gözümde zerre anlamı yok tüm bu değerlerin.

Ne diyor Allah Maide Suresi'nin 23. ayetinde: "Eğer müminlerden iseniz, ancak O'na tevekkül ediniz."

Rabb'in sana diyor, müminlere diyor, üzerine alıyorsan tabii. Ben evet müminim diyorsan şayet, iyi oku, yüreğine yaz ve hayatına uygulayıver bu ayeti. Açık açık "Bana tevekkül edin" diyor Allahüteâlâ. Sen kime tevekkül ediyorsun, sen rızkı kimden bekliyorsun? Müşteriden mi? Patrondan mı? Maalesef acı gerçek bu... Çoğu insanın rızkı beklediği yer bunlar. Onlar unutmuş Rabb'i, onlar unutmuş hakikati.

"Yeryüzünde bütün canlıların rızkı yalnızca Allah'ın üstündedir." (Hud, 6)

Unutma ki, şayet yeni güne Allah seni çıkarıyorsa rızkını da hazırlamış demektir.

Hz. Musa bir gün sorar Allah'a:

"Ya ilahi, ey Rabb'im! Ahmaklara rızkı çok vermenin hikmeti nedir? Halbuki onlar mallarını savurur boş yere harcarlar. Akıllı olanlara da rızkı az verirsin, onu da senin yolunda harcadıklarından kendileri yokluk çekerler."

Allahüteâlâ cevap verir:

"Ey Musa! Ahmaklara şunun için rızk veririm: Rızkı ele geçirmeye hilenin vesile olamayacağını akıllı kullarım görüp anlasın. Doğrusu herkese rızkı veren benim. Rızkı ne kadar takdir ettiysem o kadar gelir. Bu durumda akıllı olanlar bunu böyle anlarlar. Rızkını benden bilirler. İbadetlerine döner, rızkı için gam çekmezler.

O halde sen elinden geleni yap, gelmeyen içinde Allah'a bırak."

Hey kurban olduğum Rabb'im benim yazmama bile gerek yok ki bu kitabı, Kuran'da her şey var, hepsi var zaten ben de Kuran'a göre yazıyorum, ayet ve hadisle sana anlatıyorum. Ben kimim ki, sana sadece Allah ve resulünün çağrısını anımsatıyorum. Vesile olan el-Hamid'e hamdü senalar olsun. Teşekkür ederim Allah'ım. Şükürler olsun sana bu görevi lütfettiğin için.

Bir gün Allah dostlarından biri hacca gitmek istedi. Bu niyetini çok dindar olan hanımına söylediğinde hanımı şöyle dedi:

"Ey şeyh, siz hac yoluna koyulmaya niyet etmişsiniz. Mübarek olsun. Gitme diyemem. Fakat hamile olduğumu biliyorsunuz, siz yokken ben ne yaparım? Bizi kime teslim ediyorsunuz?

Veli kul şöyle dedi:

Ey dinimin yardımcısı, ahiret hatunum. Karnındaki çocuğu öyle bir padişaha ısmarladım ki, O yoktan var edendir. Bir damla meniden, bir parça uyuşmuş kan yapar, o kanı da et haline getirir. O eti kemiklere giydirir. O en güzel surette yaratandır. Allahaısmarladık diyerek hac yolculuğuna çıktı.

Veli kul Mekke'ye vardığında haccın şartlarını yerine getirdi. Aklına Kâbe'ye komşu olma fikri düşüverdi. Bir yıl Kâbe'de kaldı. Ertesi yıl hac vakti geldiğinde kendi memleketinden gelen hacılardan haber sorunca şu cevabı aldı:

"Allah size uzun ömür versin. Hanımınız ahirete göçtü. Yalnız kabrinde bizi heyecanlandıran bir şeyler oluyor."

Veli kul ne gördüklerini sordu onlara, hacılar dedi ki:

"Hanımının kabrinden bir delik açılmış, o delikten parlak bir ışık çıkıyor. Kabrin yanına bile varamıyoruz!"

Veli kul hayret etti. "Subhanallah bu kadın saliha bir kadındı. Gece gündüz ibadetle meşguldü. Bu işin hikmeti nedir?" diyerek şaşırdı.

O yıl hacdan sonra memlekete geri döndü. Hanımının kabrini ziyaret etti. Nurdan bir kandilin kabrin üzerinde yandığını gördü. Cennetten gelen dadıların getirmiş oldukları çeşitli nimetlerle kabrin içerisindeki çocuğu beslediklerine şahit oldu.

Veli kul bu durumu hayranlıkla seyrederken hafif bir ses işitti:

"Ey dost! Çocuğunu bize ısmarladın. Emanetine sahip çıkmakta kusur etmedik. Eğer hanımını da bize ısmarlasaydın onun da dünyadaki ömrüne bereket verirdik. Geldiğinde onu da hayatta bulurdun."

Veli kul ağlamaya başladı. Hamdü senalar etti Rabb'ine ve ibadetini daha çok artırarak kulluğuna devam etti.

Tevekkülü bırakmak, Allah'ın elini bırakmaktır, O'nun yolundan ayrılmaktır. O'nun rahmetinden, rızasından uzak kalmaktır. Aman ya Rabbi! Bu insanın kendisine verdiği ne büyük bir cezadır. Rabb'im biz bizi bıraksak da sen bizi bırakma. Âmin.

Peygamber Efendimiz, bir gün Medine-i Münevvere'de küçük yaştaki Enes bin Mlik'i elinden tuttu ve kendisini alıp şehirden dışarı çıkardı. Bir ağacın üstünde bir kuşun oturduğunu gördüler.

Resul-i zişan Efendimiz:

"Ya Enes! Şu kuşcağızı gördün mü? Gözleri yoktur."

Enes baktı ve gerçekten kuşun kör olduğunu gördü. Kuş, başını kaldırdı ve bir kere öttü. Efendimiz buyurdu:

"Ya Enes! Bilir misin bu kuşcağız ne dedi?"

"Bilmem ya Resulullah."

"O kuş diyor ki: 'Allah'ım! Sen gerçekten adilsin. Benim gözlerimi kapattın ama, acıktığım zaman bana yiyecek ihsan buyurursun.' "

Kuşun bu feryadı üzerine bir çekirge geldi ve kuşun ağzına girdi, kör kuş o çekirgeyi yuttu ve bir daha öttü. Peygamber Efendimiz sordu:

"Şimdi ne dedi anladın mı?"

"Anlayamadım ya Resulullah."

"Bu defa da dedi ki: 'Tevekkül edene kâfi gelir ve kendisini zikredeni unutmaz.' "

Bu hali dikkat ve ibretle takip eden Enes, Efendimiz'den tevekkülü bu suretle talim etmiş (öğrenmiş) oldu.

Şu meşhur, tevekküle inanmayan tüccarın hikâyesini bilir misin? *Müzekkin Nüfus* kitabından okumuştum. Seninle de paylaşayım. Paylaşmak sevgiye açılan bir kapıdır.

Hz. Süleyman bir gün bezirgânın birine nasihat etti:

"Rızk için kaygı çekme. Hak Teâlâ'nın emirleriyle meşgul ol. Rızk Allah'ın elindedir."

Bezirgân Hz. Süleyman'a itiraz etti:

"Ya Nebiyullah, rızk için elbette talep gerekir. Yerinde durmakla Allahüteâlâ kimseye rızk vermez" dedi.

Süleyman:

"Hak teâlâ kullarının rızkını üzerine almıştır, verir. Talep etse de etmese de vaat edilen rızkın kişiyi gelip bulması gerçektir. İnsanların aşağı yukarı koşuşturması sabırsızlıklarındandır. Sessizce otursalar yine rızkları gelip onları bulacaktır.

Eğer çalışmakla rızk ele geçseydi nice kişiler rızk isterlerken eldeki rızkı yitirip, müflis olmazlardı. Şu baykuşu görmüyor musun? Nasıl kanaat sahibi, nasıl sabır ve tevekkül sahibi. Her gece sabaha kadar zikreder. Sabah olunca bir kovuğa girer oturur. Hiç rızk talebinde bulunmamasına rağmen Allah onun rızkını verir."

Hz. Süleyman böyle söyleyince bezirgân kalktı gitti. Dört bir yana haber saldı. "Bana bir baykuş getirin, satın alacağım" diye ilan etti. Bir baykuş getirdiler, onu satın aldı. O baykuşu evine getirip bir kutunun içine koydu. Kutunun ağzını kapattı. Kutuyu da bir sandığa koyup kilitledi. Anahtarı cebine koydu.

"Görelim bakalım baykuşun rızkı nereden gelip onu bulacak" diyerek kendi ticaretine gitti.

Bir yıl ticaret için dolaştıktan sonra evine geri döndü. Atından inip doğru baykuşun olduğu sandığın yanına gitti.

Önce kilitli odayı, ardından sandığı açtı. Sandığın içinden kutuyu çıkardı. Baykuşun kuş tüyleri arasında uyuduğunu gördü. Baykuşun tüy rengi değişik değişik kuşlar yemiş olduğunu görünce bezirgânın, gördüğü bu durum karşısında hayretinden aklı gitti, adamcağız oracıkta düştü bayıldı.

Biraz sonra kendine gelince kutuyu eline alıp doğru Hz. Süleyman'ın yanına gitti.

"Ya nebiyullah, hâşâ Hak Teâlâ'nın peygamberi boş yere söz söylemez. Sizinle olan konuşmamızdan sonra gittim şu baykuşu satın alıp bir kutunun içine koydum, sandığı da bir hücreye kilitledim. Sefere çıktım, ticaret yaptım. Bir yıl sonra geri döndüm. Eve gelip doğru baykuşun olduğu odaya girerek sandığı açtım. Kutuyu çıkardım. Kutunun kapağını açtığımda bu baykuşun tüyler içerisinde yattığını gördüm. Şaşırdım ve hayretimden aklım gitti. Kendime geldiğimde subhanallah diyerek huzurunuza geldim. Bu kuşlar bunun içine nereden geldi merak ediyorum."

Hz. Süleyman, "Allahüteâlâ kadirdir. Sözünde durandır. Kulları nerede olursa olsun rızkını verir" buyurdu.

Bezirgân kutuyu getirip Hz. Süleyman'ın önünde açtı. Süleyman baykuşun kuş tüyleri arasında yattığını gördü, kuşa sordu:

"Ey baykuş, halin nasıldır?"

"Ya nebiyullah, halim hoş. Allah'a çok şükür. Hak Teâlâ bana her gün üç kuş gönderdi, birini yedim, ikisini azat ettim. Mahpusluk sıkıntısı çekmedim. Eskisi gibi fazl-ı keremiyle beni bu kutunun içinde mahrum etmedi. Rızkım kesilmedi. Karnım tok, Allah'a hamd edip bu emin ve yalnız yerde yatarım."

Bezirgân baykuşun bu sözlerini duyunca şöyle dedi:

"Ya nebiyullah biz bu kadar dağlar tepeler aşıyoruz, bunca sıkıntılara katlanıyoruz. Hepsi rızk için. Ben de artık Allah'a tevekkül edeceğim. İbadet ve taatle meşgul olacağım."

Daha sonra bütün malını fakirlere dağıttı, Allah için ibadete koyuldu. Allahüteâlâ ona da gayb hazinelerinden gün gün rızkını gönderdi.

Ve seninle bir kıssa daha paylaşmak isterim rızk konusunda. İdrak ediver böylece; Allah'ın her şeye kadir olduğunu tekrar anımsayarak, rızkı ummadığın yerden verebileceğinden umut kesmeyesin...

Bir tüccar iflas etmiş, bütün malını ve servetini kaybetmişti. Üstüne üstlük bir de gırtlağına kadar borca batmıştı. Ödeme imkânı da bulamıyordu. Kime müracaat ettiyse geri çevriliyor, hangi kapıyı çaldıysa kapı yüzüne kapanıyordu. Çaresizlik içinde kıvranan bu zavallı adamcağız Ravza-i Mutahhara'ya giderek orada namaz kıldı. Bu ağır borç yükünden kurtulabilmek için dua etti. Peygamber Efendimiz'in hürmetine bu maddi sıkıntılarını gidersin diye Allah'a niyazda bulundu. Orada öylece yalvarıp yakararak dua ederken uyuyakaldı.

Rüyasında Peygamber Efendimiz'i gördü. Hemen ellerini öptü, durumunu arz etti ve Efendimiz'den yardım istedi.

Peygamber Efendimiz ona, "Falan yere git! Orada çok zengin bir tüccar var, ona benden selam söyle, senin sıkıntını gidersin, sana 100 altın versin" buyurdu.

Bunun üzerine adam Efendimiz'e, "Ya Resulullah! Ben o kimseye selamınızı iletirim ve bana 100 altın vermesini emrettiğinizi söylerim, fakat bana inanmazsa elimden ne gelir?" dedi.

Efendimiz, "Merak etme inanması için sana bir belge vereceğim.

Şöyle ki:

O kimse her gün mutlaka bana yüz salavat-ı şerife okumayı vird edinmişti. Fakat dün gece salavat okumayı unuttu. Ona hatırlat da bu akşam salâvat getirmeyi unutmasın" buyurdu.

Adam uykusundan sevinç ve heyecanla uyandı.

"Bu gördüğüm rüyada mutlaka bir hayır vardır" diye düşünüp Efendimiz'in rüyasında ona söylediği zengin adamı aradı.

Sora sora bu adamın evini öğrendi ve kapısını çaldı.

Kapı açıldı, işte aradığı zengin adam karşısındaydı.

Zengin adamın elinde bir elek, her tarafı saman içindeydi.

Meğer samanın içine yanlışlıkla bir altın düşürmüş ve onu bulmak için bütün samanı elekten geçiriyordu.

Zengin adamın bu halini görünce zavallı adamın ümitleri yıkılmıştı.

Öyle ya, bir altın için samanlığın altını üstüne getiren bir adam hiç kendisine 100 altın verir miydi? Ama ne olursa olsun üzerinde bir emanet vardı, bu emaneti sahibine tevdi etmeli, Resulullah'ın selamını ona iletmeliydi.

Bu arada zengin adam da bu gelen yabancının kim olduğunu, niçin geldiğini açıklamasını bekliyordu.

O da durumu anlattı:

"Resulullah'ı rüyamda gördüm, sana selam söyledi.

Ayrıca ben müflis bir kimseyim, çok borçlarım olduğu için bana da 100 altın vermeni emretti" dedi.

Bunun üzerine adam elindeki eleği yere bırakıp, "Senin doğru söylediğini ben nereden bileyim?" dedi.

Adam Resulullah'ın verdiği belgeyi beyan ederek dedi ki:

"Efendim, bana inanmayacağınız ihtimalini Peygamber Efendimiz'e ifade ettiğimde buyurdular ki:

Siz her gece Efendimiz'e yüz salavat-ı şerife okuyormuşsunuz, ama dün gece unutmuş, okumamışsınız. Bu gece okumayı unutmayın.' "

Adam şöyle bir düşündü; her gün yüz salavat getirdiğini kimse bilmiyordu ve gerçekten de dün salavat getirememişti.

Samanı elekten geçireyim diye telaş ederken salavat getirmeyi unutmuştu.

Böylece kapıdaki adamın doğru söylediğini anlayınca, bu durum öylesine hoşuna gitti ki, Allah nebisi Muhammed Mustafa kendisine selâm söylemişti, bu ne büyük bir şerefti.

Resulullah'ın gönderdiği bu selamı tekrar tekrar duymak istiyordu.

Onun için adama, "Peygamber Efendimiz sana ne söylemişti?" diye sordu.

Adam, "Ona benden selam söyle, sana 100 altın versin buyurdu" dedi.

Zengin adam tekrar, "Resulullah sana ne dedi?" diye sordu.

Adam yine aynı cevabı verdi.

Zengin adam tam yedi defa "Resulullah sana ne dedi, bir daha söyle" diye tekrar tekrar sorup, Efendimiz'in kendisine gönderdiği selamı tekrarlattı.

Tabii selamı getiren adam, zengin tüccarın kendisiyle dalga geçtiğini sanarak paradan iyice ümit kesiyordu ki, zengin tüccar, "Hakkını helal et! Ben Resulullah'ın bana olan selamını duymak için yedi kere tekrarlattım.

Şimdi sana Efendimiz'in her selamı için 100 altın vereceğim.

Yedi defa tekrarlattığıma göre, 700 altın eder" dedi ve altınları verdi.

Allahüteâlâ Hz. Musa'ya bir gün şöyle buyurmuştu:

"Bana isyan edenler kulluğumdan arlansa da ben rezzaklığımı terk etmem. Bütün yaratılmışlar ister kâfir olsun ister Müslüman olsun, ister fâsık, ister salih olsun hepsini ben yarattım. Yine rızklarını ben veririm. Kesmem, eksiltmem. Kulluk yapıp yapmamasında ganiyim.

Eğer o bana, 'Ey Rabb'im' derse ben de ona 'Lebbeyk ey kulum' derim."

Evet, işte Allah'a tevekkül edenler, gerçek anlamda "Bana Allah yeter" diyen kullar Allah'ın rızasına erişirler. Onlar Allah'ı anmadan, zikretmeden nefes almazlar. Kalplerinde sadece Allah vardır, kalbinde zerre kadar dünyayı ait bir sevgi bulunanın kalbinde Allah sevgisi tam değildir. Kıvamında eksiklik vardır. Şayet Allah sevgisi tam olsa dünya sevgisine hiç yer kalmazdı!.. Bunu iyi oku ki idrak edebilesin.

Bir de dua vereyim esmalı sana:

Ya Bâsıt! Ey açan ve genişleten, sen ruhu, yüreği, kısmeti, basireti tıkanmış kullarına Bâsıt isminle tecelli et, onların rızklarını da aç. Biz yalnız sana inanır senden yardım ister, yalnız sana sığınırız. Âmin.

Ne zaman bir sıkıntı içinde kalsan hemen Rabb'ine dön ve de ki: Ben bu sıkıntıya senin rızan için katlanıyorum ya Rabbi senden gelen her şey rahmettir.

MERHAMET ETMEK

Madem gaye bu dünyada Allah'ı bulmak, o halde kendin için yaşayamazsın, aksine kendini kaybedip Allah'ı bulmalısın. Madem bu kitabı sana ruhunu beslemen, Allah'ı hissetmen, O'nun dostluğuna erişebilmen adına yazdım, o halde merhamet duygusunu tüm hücrelerinde hissetmen ve yola bu uğurda ilerlemen gerekir.

Merhamet yolu, sevgi yoludur. Rahman ve rahim olanın kullandığı yoldur. Bu yola kim erişirse yolu Allah'la kesişir. Yolu Allah'la kesişen kul ne güzel bir kuldur, onun yüreği ne güzeldir. Onun kalbinde meleklerin yuvası vardır. Onun kalbine kin ve fesatlık giremez. Allah'ın nuru kalbine yer etmiştir de daima parlaktır...

Ne diyor Efendimiz:

"Allah, insanlara merhamet etmeyene rahmette bulunmaz." (Buhari, *Tevhid* 2, *Edeb* 27; Müslim, *Fedail* 66; Tirmizi, *Birr* 16)

Demek ki merhamet bu kadar önemlidir bir kulun hayatında. Allah bana rahmet etmez ise hiç yaşamayayım daha iyi. Benim karnımı tok, ruhum aç ise neyleyim bu düzeni!

Benim merhametim eksik ise ben yaşamıyorum demektir. Allah beni unutmuş ise vay halime... Bu yüzden merhamet et ki merhametin kaynağı olan Allah da seni himayesi altına alsın, korusun, sarsın, sevsin.

Abdullah ibni Amr İİbnülâs anlatıyor:

"Resulullah buyurdular ki: 'Allah, merhametli olanlara rahmetle muamele eder. Öyleyse, sizler yeryüzündekilere karşı merhametli olun ki, semada bulunanlar da size rahmet etsinler. Rahim (akrabalık bağı) Rahman'dan bir bağdır. Kim bunu korursa Allah onunla (rahmet bağı) kurar, kim de koparırsa, Allah da ondan (rahmet bağını) koparır.' " (Tirmizi, *Birr* 16 [1925]; Ebu Davut, *Edeb* 66 [4941])

Ebu Hüreyre anlatıyor:

"Resulullah buyurdular ki: 'Allah rahmeti yüz parçaya böldü. Bundan doksan dokuz parçayı kendine ayırdı. Yeryüzüne geri kalan bir cüzü indirdi. (Bunu da cin, insan ve hayvan mahlukatı arasında taksim etti.) Bu tek cüzden nasibine düşen pay sebebiyledir ki mahlukat birbirlerine karşı merhametli davranır. At, (hayvan) yavrusuna basmamak endişesiyle ayağını bu sayede kaldırır.' " (Buhari, *Edeb* 19, *Rikâk* 19; Müslim 17 [2752]; Tirmizi, *Daavat* 107-108 [3535-3536])

Dinle bak:

Zayıf bir bülbül yavrusu vardı. Kendini ateşe atacağı sırada Hak teâlâ, Cebrail Aleyhisselam'a emredip buyurdu ki:

"O kuşu tut ve ne dileği olduğunu sor."

Cebrail Aleyhisselam kuşu tutup istediğini sorunca, kuş dedi ki:

"Halilullah'ı ateşe atıyorlar. Mademki onu kurtarmaya kadir değilim, bari onunla beraber ben de yanayım."

Hak teâlâ buyurdu ki:

"O kuşun benden dileği nedir?"

Bülbül şöyle arz etti.

"Benim dünyada, Hak teâlânın adını anmaktan başka arzum yoktur. Bin bir ismi olduğunu işittim. Yüz birini biliyorum. Dokuz yüz ism-i şerifini de bilmek isterim."

Hak teâlâ kuşun dileğini yerine getirdi.

Şimdi sahralarda feryat eden bülbül, Hak teâlânın ismini söylemektedir.

Nemrud'un ateşi, İbrahim Aleyhisselam'a gülistan olunca, bülbül gelip gül ağacında nağmeye başladı. O zamandan kıyamete kadar, gül ağacına muhabbet etti, âşık oldu.

İbrahim Aleyhisselam'ı ateşe attıkları zaman bütün melekler, vahşi hayvanlar, kuşlar ağlaştılar ve etrafında toplanıp, İbrahim Aleyhisselam'a bir yardım yapabilmenin çaresini aradılar.

Ve yine bir gün:

İslam devletinin başında hak ve adalet güneşi Hazreti Ömer vardı. O Ömer ki, Nebiler Sultanı'nın ifadesiyle "cennet ehlinin kandilidir". O Ömer ki, İslam'ın kilidi, adalet tahtının eşsiz sultanıydı.

Bir gün onun huzuruna bir bedevi geldi. Denize batmışın yağmurdan haberi olmadığı gibi, bedevinin de devlet işinden haberi yoktu.

"Ey âcizlerin mededkârı" dedi, "ben çöl adamıyım. Devem çölde hastalanıp kaldı, çoluk çocuğumun rızkı da onun üzerinde. Bana bir deve ver de köyüme gideyim!.."

Cenab-ı Faruk onu dinledi. Dinledi ama sözüne de inanmadı:

"Sen" dedi, "benden deve almak için böyle söylüyorsun.. Sana deve yok. Haydi işine!.."

Kılı kırk yaran Hazreti Ömer, her isteyene bir deve verecek olsa, devletin hazinesi ne olur? İşi tetkik etmek, eğriyi, doğruyu bilmek gerekti...

Yol üstünde bir karınca ezilse, yine Ömer mesul, hiç kimse değil!..

Hakikati gören insan, birine zulmettiğinde o zulmü aslında kendi nefsine yaptığını bilir de zulümde ısrar etmez...

O garip adam artık Ömer'in ateşinde ısınmak, pınarından su içmek istemedi. Hemen izi üstüne dönüp çölün yolunu tuttu. Hem kızgın taşlar üstünden bir ceylan gibi sekerek gidiyor hem de gönül gönül titreyerek bir şiir okuyordu. Şiir Arap'ın suyu ekmeğiydi. Ne var ki, adalet tahtının sultanı Cenab-ı Ömer de o garibin peşine düşüvermişti.. Güneş gibi mülk elde etmek herkesin kârı değildi. Denize dalan her dalgıç hazine bulamaz. Tahta oturup saltanat süren her sultan da adalet terazisini tam tutamaz...

Hazreti Ömer o basiret nuruna gark olan büyük halife şimdi yolları eline dolamıştı. "Belki de bedevi doğru söylemiştir" diyordu, "onu geriden takip edeyim de yolundaki cefa dikenlerini kaldırayım..."

Tabii ki bedevinin Ömer'den haberi yoktu. Fakat gönül yuvasında iman kuşu çırpınıyordu. Halifeye kızacağı yerde acıyor, merhamet ediyor, onun için Cenab-ı Hakk'ın dergâhına yüz tutup hıçkırıyordu:

"Ey Allah'ım, ey benim kerim mabudum! Ömer'e müracaat ettim, halimi bildirdim. Ne var ki, o bana inanmadı. Bu hareketinden dolayı günah işledi. Onu bağışla, ona merhamet buyur!.."

Bedevinin gönül denizi merhamet dalgalarıyla gürül gürül çağlıyor, Ömer için mağfiret talebinde bulunuyordu. Çünkü o bir asr-ı saadet Müslüman'ıydı. Aşk-ı ilahinin kokusu gönül toprağına sinmiş, Cenab-ı Muhammed'in havuzundan su içmişti...

Hazreti Ömer bedevinin gönül deryasından dökülen incileri duyuverince bulut gibi ağlamaya, neyler gibi inlemeye başladı. Sıcak kumlar üstünde nefes nefes koşarak haykırdı:

"Allah'ım, Allah'ım, duasını kabul et!.."

O din sultanı, iman ayağım kayar da kötüler defterine kaydolurum diye koşarak gayret kanadını açtı... Yetişip bedevînin eteklerinden tuttu. Sarmaşıkların söğüt dallarını tel tel sıkması gibi onu kucakladı, alnından öptü ve dedi ki:

"Merhaba ey şeker huylu er, merhaba ey arştan!.. Şimdicek sana inandım, beni bağışla, bir değil, ihtiyacın kadar deveyi benden al!.."

Sen birine kızdığın vakit şeytan kıs kıs gülerek der ki: "Allah'ın şu kulun üzerinde tecelli eden rahman ve rahim esmasını nasıl da hissettirmiyorum!"

İşte gerçek mümin, gerçek Allah dostu böyledir. Yüreğinde sadece sevgi ve merhamet vardır, kötü düşünmez, kötü görmez, kötü işitmez, kötü söylemez. Sana taş atana sen gül at ki ellerin gül koksun.

Allah'ım beni kendinle meşgul eyle.

İşte Allah dostları, "Bana Allah yeter" diyen, bunu da yüreğinde hisseden kullar O'ndan başkasını düşünmez, O'ndan başkasından yardım dilemez, O'ndan gelen her şeye sevgiyle bakarlar. Allah'tan sadece güzellik gelir. O'ndan gelen her şey rahmettir.

İnsanlar bana soruyorlar, Hocam her şey Allah'tan gelmiyor mu, neden şer veriyor bize Rabb'imiz?" diye.

Sana bunu kim söyledi? Kuran-ı açıp okusana, idrak ederek Rabb'im bana ne emretmiş diyerek bir baksana yüreğinle. Binlerce çeşit insanı dinliyorsun. Herkes neredeyse âlim olmuş, veli olmuş vs. olmuş. Dinde bana göre diye bir şey yoktur. Açılır Kuran ve hadis, ona göre konuşulur.

Ne diyor Rabb'imiz Nisa Suresi'nin 79. ayetinde:

"Sana gelen her iyilik Allah'tandır. Başına gelen her fenalık ise senin kendi nefsindendir."

Bir daha oku bakalım yukarıdaki ayeti!..

Demek ki sana gelen fenalık, şer Allah'tan değil kendi nefsindenmiş. İnsan ettiğini bulur. Sen harama bak, farzları yerine getirme, gıybet et, insanları yadırga, sonra bunun ceremesini, bu [illegible] evlatların çeksin. Sonra da bize kötülük geldi, bereketimiz azaldı diye Allah'ı suçla hâşâ!..

İşine gelmeyince Allah'tan, işine gelince "ben yaptım

oldu" diyorsun. Kalbini ne olursa olsun Allah'a çevir, çevir ki kurtuluşa, huzura eresin. O'nun himayesine giresin. Tıpkı Hz. Rabia gibi.

Hazreti Rabia çok oruç tutardı. Bir defasında bir hafta hiç yiyecek bulamadı. Sekizinci gece açlığı iyice şiddetlendi. Nefsine eziyet ettiğini düşünürken birisi kapıyı çaldı. Bir tabak yemek getirdi, o da yemeği alıp, yere koydu. Mum getirmeye gitti, gelince bir kedinin yemeğini dökmüş olduğunu gördü. Su bardağını almaya gitti. Mum söndü. Su içmek isterken bardak düşüp kırıldı.

O da, "Ya Rabbi! Bu zavallı kulunu imtihan ediyorsun, fakat âcizliğimden sabredemiyorum" diyerek bir ah çekti. Bu ahtan neredeyse ev yanacaktı.

Bir ses duyuldu:

"Ey Rabia, istersen dünya nimetlerini üstüne saçayım. İstersen, üzerindeki dert ve belaları kaldırayım. Fakat bu dertler, belalarla dünya bir arada bulunmaz."

Hz. Rabia bu sözü işitince, "Ya Rabbi! Beni kendinle meşgul eyle ve senden alıkoyacak işlere bulaştırma" diye dua etti.

Bundan sonra dünya zevklerinden öyle kesildi ki, kıldığı namazı, "Bu benim son namazımdır" diye huşuyla kılar, hep Allahüteâlâ'yla meşgul olurdu. Hatta birisi gelip kendisini Allahüteâlâ'yla meşguliyetten alıkoyar korkusuyla, "Ya Rabbi! Beni kendinle meşgul eyle de, kimse senden alıkoymasın" diye dua ederdi.

Allah da Hz. Rabia'ya merhamet etmişti.

Mahlukat iki türlüdür: fesat ve kin düşünen, sadece sevgiyle bakan. Dikkat et, insanlar demiyorum, mahlukat diyorum.

Dinle:

Bir gün Nemrud, İbrahim Aleyhisselam'ı ateşe atmaya karar verir. O kadar büyük bir ateş yakar ki bu sefer kendisi ateşe yaklaşamaz. Bir mübarek zat, bakmış bir karınca ağzına su alıyor, uzaktan getiriyor ateşi söndürmek için, fakat yaklaşamayıp yakın bir yere bırakıyor, karıncaya sormuş:

"Ne yapıyorsun sen?"

Karınca demiş ki:

"Sorma, Allah'ın peygamberini yakacaklar, ateşi söndürmeye çalışıyorum."

Mübarek zat demiş ki:

"Senin bu küçücük cüssenle taşıdığın o koca alev söner mi hiç?"

"Vallahi Allah herkesin gücüne göre hesap sorar, benim gücüm bu kadar" diye karşılık vermiş karınca.

Diğer taraftan da bir yılanın devamlı ateşi körüklediğini görünce demiş ki mübarek zat:

"Böyle ne yapıyorsun?"

Yılan da demiş ki:

"Bugün bayram, bir peygamber yanacak!"

İşte herkes gücünün yettiğince bir şeyler yapar. Sevgiyle bakanlar, ruhlarını, kalplerini nefret saranlar.

İnşallah biz yaşama yüreğiyle bakanlardan ve "Bana Allah yeter" diyen kullardan oluruz.

Kul Rabb'inden umudunu kestiğinde
Şeytan gülmeye başlar ve şöyle der:
"İşte senin tevekkülün buraya kadar,
sonunda seni de kendi
yoluma saptırdım!.."

HİSSEDEREK YAŞAMAK

İnsanoğlu yaşıyor mu, yoksa yaşadığını mı sanıyor? İnsan sadece biliyor, hissetmiyor. Ekmeğin varlığını da bilir insan ama onu yemezse, ölür gider. Suyun varlığın da bilir, ama içmek zorundadır.

İşte aynı insanoğlu Allah'ın varlığını sadece biliyor, hissetmiyor. Bilmek ile hissetmek arasında cennet ile cehennem arasındaki kadar fark vardır. Düşünerek yaşamak gerek her anı, tefekkür ederek yaşamak gerek. Bu şekilde yaşayalım ki ruhumuzun çektiği sıkıntıları azaltalım.

Tefekkürden, tefekkürün ruha kattığından *Allah De Ötesini Bırak* isimli kitabımızda kısaca söz etmiştim, inşallah bundan sonraki *Nur Terapisi* isimli kitabımızda da daha derinlere ineceğiz. Daha çok hissedeceğiz Yaradan'ı. Daha çok şükrederek, O'na olan bağlılığımızı artırarak derecemizi de yükselteceğiz inşallah.

Daha önce de söylediğim gibi şükür ve hamda Allah'ın ihtiyacı yoktur, O Samed olandır. Ancak bizim şükre çok ihtiyacımız var, bizim hamd etmeye o kadar çok ihtiyacımız var ki... Bu anlatılmaz, bu yaşanır.

Hatta yaşayan bir velinin hikâyesini de paylaşayım seninle:

İsa Aleyhisselam bir ağacın altında dua eden birini gördü. Dikkatlice baktığında adamın ayaklarının sakat olduğunu anladı. İki gözü de görmüyordu. Vücudunda ise baras hastalığı olduğu anlaşılıyordu. Ama adam bütün bunlara rağmen ellerini kaldırmış mutluluktan uçacakmış gibi dua ediyordu:

"Ey nice zenginlere vermediği nimeti bana ikram eden Rabb'im! Sana ağaçların yaprakları sayısınca şükürler olsun!.."

Hazreti İsa kötürüm adama yaklaştı:

"Yürüyemiyorsun, gözlerin görmüyor. Bedenin de sıhhatli görünmüyor? Buna rağmen çoğu zenginlere verilmeyen nimetlerin sana verildiğini düşünmekte, bunun için de büyük bir mutlulukla şükretmektesin. Hangi nimettir nice zenginlere verilmediği halde sana verilen?"

Kapalı gözleriyle sesin geldiği yana yönelen kötürüm adam dedi ki:

"Efendi! Allah bana öyle bir kalp vermiş ki, o kalple O'nu tanıyorum. Öyle de bir dil vermiş ki, o dille de ona şükrediyorum. Halbuki, dünyanın serveti elinde olan nice zenginler var ki, kalbinde O'nu tanıma sevinci, dilinde de O'na şükretme mutluluğu yoktur. Ama gel gör ki, topal, kör ve bedeninde hastalıklar bulunan bu kötürüm adama Rabb'im, bu sevgiyi ihsan eylemiş, bu nimetin farkına varma tefekkürünü nasip eylemiş. İşte bunu düşününce kendimi tutamıyor, 'Nice zenginlere vermediği nimeti bana veren Rabb'im! Sana ağaçların yaprakları sayısınca şükürler olsun!' diye teşekkürden kendimi alamıyorum."

Kafa gözü kapalı da olsa kalp gözü açık olan bu adama yaklaşan İsa Aleyhisselam, "Ver şu elini öyleyse!" diyerek elinden tutar, eğilerek görmeyen gözlerinden öper.

İsa Peygamber'in dudaklarının değdiği gözler anında açılır. Karşısındakinin İsa Aleyhisselam olduğunu görünce heyecanlanan adam, "Sen şu ölüleri dirilten, hastalara şifalar bahşeden mucizelerin sahibi peygamber değil misin?" der.

İsa Peygamber "Belli olmuyor mu?" deyince, "Gözlerimden belli oluyor da ayaklarımdan henüz belli değil" der kötürüm adam.

Tebessüm eden Hz. İsa, "Sen hele bir ayağa kalkmayı dene!" deyince, silkinen adam dimdik ayağa kalkar.

Ayakları üzerine dikilebildiğini anlayınca söylediği ilk sözü şu olur:

"Ey Allah'ın nebisi, sendeki bu mucizeler de O'ndan değil mi? Öyleyse izin ver de geç kalmayayım, O'na şükredeyim." Bunu dedikten sonra hemen başını secdeye koyar ve der ki:

"Rabb'im! Seni tanıyan bir kalple, şükreden bir dil nimetinin şükrünü yapmaktan âcizken, şimdi gören bir çift gözle, yürüyen iki de ayak lütfettin. Artık bilemiyorum nasıl şükretmem gerekiyor bu eşsiz nimetler karşısında?"

Bu sırada çevreden toplanan halk, gösterdiği bu mucizelerden dolayı İsa Aleyhisselam'ın elini öpmek isterler. Ama Allah'ın nebisi işaret eder:

"Benim değil secdedeki şu kötürüm adamın elini öpün!.."

Derler ki:

"Onu secdeye indiren nimetlere biz baştan beri sahibiz. Ama hiçbirimiz onun duyduğu gibi bir mutluluk duymadık."

"Öyleyse" der Hz. İsa, "tefekkür edin, siz de düşünün."

Sözünü şöyle bağlar Allah'ın nebisi:

"Düşünen sahip olduğu nimetin farkına varır. Düşünmeyen ise kendisini mahrumiyette sanır!"

Biz kendimizi işte mahrumiyette sanıyorduk bugüne kadar. Varlık içinde yokluk çekiyorduk. Burada anlatmak istediğim varlık rızk değil, Allah elbette. O varsa gerisi zaten boş... Bize Allah yeter. En sonunda olacağı da bu değil midir?

Her şey yok olacak tek baki olan Allah değil midir? Elbette öyledir. O halde ölmeden önce ölerek bunu şimdiden yaşayalım. Yaşayalım ki bu dünyada da O'na kavuşalım. Yoksa uyumaya devam ederiz, çöldeyizdir, yanı başımızda su vardır ama uykuda olduğumuz için o suyu göremeyiz. İşte uyuyan kulun durumu aynı böyledir. O derin uykudadır. Su yanı başında durur fakat hiçbir şeyden habersiz çölde kavrulmaya, kendini mahkûm etmeye devam eder.

Biz de bu dünyada o mahkûm gibiyiz. Allah şahdamarımızdan bize daha yakın, biz ise derin uykudayız. O'na ihtiyacımız var; fakat hissedemiyoruz. Bu yüzden çokça merhamet edelim, daha çok sevelim, daha çok iyilik yapalım, daha çok günümüzü tefekkürle geçirelim ki uyanalım.

Ancak uyanmış bir nesil hidayete erer, yoksa helak olur gider!..

Aç kollarını ve Rabb'ine sarıl,
O'nun da sana sarıldığını duyumsayacaksın.
Çünkü O kulunun zannı üzerinedir.

ÇOK DERİN VE FAZİLETLİ DUALAR

Gerek okurlarım, gerekse bireysel terapiye gelen danışanlarım sürekli benden dua paylaşmamı, onlara dualar önermemi isterler. Ne demiştik? Dua, şahdamarımıza uzanan bir köprüdür. Bizi Allah'a götürür. Bu yüzden dua ederken dua edileni hissetmek gerektiğini bir kez daha anımsatmak isterim ki bu sizi daha derin bir varlık haline getirsin. O rahmeti, o enerjiyi hissederek Rabb'imize ulaşalım inşallah...

Peygamber Efendimiz Ehlibeyt için çok önemli dualar önermiştir. Aslında Efendimiz'in hadislerinin, onun kıssalarının anlatılması bizlere bir nimettir. Bizler onu görmeden sevdik, âşık olduk. O hadisleri, o duaları, o kıssaları her okuduğunuzda hitap edilenin kendiniz olduğunuzu hissetmeniz size çok büyük bir derinlik katacaktır.

Sanki Hz. Aişe değil de, "Bak din kardeşim Semra sana söylüyorum. Bak din kardeşim Mehmet sana söylüyorum" diye bakmak, algılamak bizleri asırlar öncesine götüreceği gibi Efendimiz'in o gül kokusunu da hissettirecektir inşallah.

Hz. Peygamber, Aişe Validemiz'e hitaben şöyle buyurmuştur:

"Ey Aişe! Bütün duaların manalarını içeren cümlelerle dua ederek şöyle de:

"Ey Allah'ım! Ben senden hayrın tamamını, hazırını, geleceğini, bildiğimi ve bilmediğimi talep ederim. Şerrin bütününden, hazırından ve geleceğinden, bildiğimden ve bilmediğimden sana sığınırım. Senden cennet ve cennete yaklaştırıcı söz ve hareketleri isterim. Ateşten, ateşe yaklaştırıcı söz ve hareketlerden de sana sığınırım. Senin kulun ve resulün Muhammed'in senden istediği hayrı senden istiyorum. Kulun ve resulün Muhammed her nedenle sana sığınmışsa ben de aynı şeyin şerrinden sana sığınırım. Senden isteğim, bana herhangi bir işi takdir buyurduğun zaman onun neticesini doğrulukla sona erdirmendir.

Ey rahmet edenlerin en fazla rahmet edeni! Bütün bunları rahmetinden talep ederim!' "

Hz. Fatıma Annemiz'in duası

Hz. Peygamber kızı Fatıma'ya şöyle demiştir:

"Ey Fatıma! Sana yapacağım şu tavsiyeyi dinlemekten seni ne men edebilir ki?

'Ey Hayy ve Kayyum olan Allah! Senin rahmetine sığınarak seni çağırıyorum. Beni, göz açıp kapayıncaya kadar dahi nefsime havale etme. Durumun tamamını benim için ıslah et.' "

Hz. Ebubekir'in duası

Resulullah Hz. Ebubekir'e şöyle dua etmesini öğretmiştir:

"Ey Allah'ım! Peygamberin Muhammed'in hürmetine, dostun İbrahim'in hürmetine, kurtardığın (veya seninle konuşan) kulun Musa hürmetine, kelime ve ruhundan olan İsa hürmetine, Musa'nın Tevrat'ı, İsa'nın İncil'i, Davut'un Zebur'u ve Muhammed'in Furkan'ı hürmetine, kullarına gönderdiğin bütün vahiylerin hürmetine, yerine getirdiğin bütün kaza ve kaderin hürmetine, senden isteyip dileğine erişen kullarının hürmetine, fakir yaptığın zenginin, zengin yaptığın fakirin hürmetine veya hidayet ettiğin sapığın hürmetine ihtiyacımı senden istiyorum. Beni mahrum eyleme.

Musa'ya inzal buyurduğun isminin hürmetine, kullarının rızıklarını dağıtmakta rolü olan büyük isminin hürmetine, yeryüzünün karar bulması için, üzerine koyup da onda muvazeneyi temin eden isminin hürmetine, göklerin üzerine konup onların istiklale kavuşmasını temin eden isminin hürmetine, dağların üzerine koydurup onlarda istikrarı temin ettiren isminin hürmetine, o ismin ki, arşın onunla ayakta durmaktadır, işte onun hürmetine, senin Tuhur, Tahir, Tahhar, Samed ve Vitr isimlerinin hürmetine, o mübarek ismin ki, kitabında senin nezdinde apaçık nurdan inzal buyrulmuştur, onun hürmetine.

O ismin ki, gündüzün üzerine onu koymuş, gündüzün nurlanmasına vesile olmuştur. Gecenin üzerine onu koymuş, gecenin kararmasına vesile olmuştur, onun hürmetine, senin azamet ve kibriyanın, kerim zatının hürmetine, senden bana Kuran'la onun bilgisini ihsan buyurmanı ister ve o bilgiyi etimle, kanımla, kulağımla, gözümle ayrılmaz bir şekilde karıştırmanı senden dilerim ve bütün bunların hürmetine senden isterim ki, kuvvet ve kudretinle benim vücudumu kendi yolunda çalıştırasın. Çünkü günahtan dönüş ve ibadete yöneliş, ancak senin kuvvetin ve kudretinledir. Ey rahmet edenlerin en rahmet edicisi olan Allah!"

Büreyde el-Eslemi'nin duası

Rivayet edildiğine göre, Hz. Peygamber Büreyde'ye şöyle buyurmuştu:

"Ben sana birkaç kelime öğreteyim ki, Allahüteâlâ kim için hayrı irade ederse bu kelimeleri ona öğretir ve o kelimeleri ebediyen unutturmaz!"

Büreyde "Evet ya Resulullah! O kelimeleri bana öğret!" dedi.

Bunun üzerine Resulullah şöyle buyurdu:

"Ey Allah'ım! Ben zayıfım. Razı olduğun sahada beni kuvvetlendir, zafiyetimi gider. Benim alnımdan tutup beni hayra doğru götür. Rızamın en son noktasını İslam dini olarak kıl. Ey Allah'ım! Ben zayıfım, beni kuvvetlendir. Ben zelilim, beni izzete kavuştur. Ben fakirim, beni zengin et, ey rahmet edenlerin en rahmet edeni Allah!"

Kubeyse bin Muharik'in duası

Hz. Peygamber Kubeyse'nin bir gün kendisine "Ey Allah'ın resulü! Benim yaşım hayli ilerlemiştir. Ben daha önce yaptığım birçok şeyi şimdi yapmaktan âcizim. Bu bakımdan Allah nezdinde bana fayda verici birkaç kelime öğret ki, onunla kusurlarımı telafi edeyim" demesi üzerine şöyle buyurmuştur:

"Dünyan için bir şeyler öğrenmek istiyorsan, sabah namazını kıldıktan sonra üç defa şu duayı oku:

'Allah her eksiklikten münezzehtir. Onun hamdına bürünerek bunu ikrar ediyoruz. Yüce olan Allah, her türlü eksikliklerden münezzehtir. Günahtan dönüş ve itaat ancak azim ve yüce olan Allah'ın kuvvet ve kudretiyle olur.'

Ey Kubeyse! Sen bu duayı okuduğun zaman üzüntüden, cüzamdan, cilt hastalığından ve felçten emin olursun. Ahiretin için ise şöyle söyle:

'Ey Allah'ım! Beni, nezdinden gelen hidayete erdir. Faziletini üzerime oluk gibi yağdır. Rahmetinden benim üzerime saç! Bereketinden benim üzerime indir!'

Ey Kubeyse! İyi bil ki! Bir kul, bu söylediklerimi tam manasıyla yerine getirerek kıyamet gününde huzura gelirse bunları hiç terk etmemek şartıyla cennetin dört kapısı onun için açılır. İstediği kapıdan içeri girebilir!"

Ebu Derda'nın duası

Ebu Derda'ya "Evin yanıyor!" denildi. Gerçekten de Ebu Derda'nın mahallesi yanıyordu. Ebu Derda "Allahüteâlâ benim evimi yakmaz!" dedi. Kendisine üç defa evinin yandığı söylendiği halde onun cevabı aynı oldu:

"Allah benim evimi yakmaz!"

Sonra kendisine biri gelip dedi ki: "Ey Ebu Derda! Ateş senin evine yaklaşırken söndü."

Ebu Derda "Ben öyle olacağını biliyordum" diye karşılık verdi.

Cemaatten biri "Sen bunu nasıl biliyordun? Bu sözlerinin hangisinin daha acayip olduğunu anlayamıyoruz" dedi.

Bunun üzerine Ebu Derda şöyle dedi:

"Hz. Peygamber şöyle demişti: 'Kim bu sözleri gece veya gündüz söylerse ona hiçbir şey zarar vermez.' Ben de o sözleri söylemiştim."

O sözler şunlardır:

"Ey Allah'ım! Benim Rabb'im ancak sensin. Senden başka ilah yoktur. Ancak sana tevekkül ediyorum. Büyük arşın sahibi sensin. Günahtan dönüş ve ibadete yöneliş ancak azim ve yüce olan Allah'ın kuvvetiyledir. Allah neyi dilerse o olmuştur. Neyi dilememişse o olmamıştır. Muhakkak Allah her şeye kadirdir. Muhakkak Allah, ilmiyle her şeyi ihata etmiştir ve her şeyi adet olarak tespit buyurmuştur.

Ey Allah'ım! Nefsimin şerrinden ve perçemi kudretinde bulunan her mahlukun şerrinden sana sığınırım. Muhakkak Rabb'imin yolu dosdoğrudur!"

Hz. İbrahim'in duası

Allah'ın halili Hz. İbrahim sabahladığı zaman şöyle derdi:

"Ey Allah'ım! Bu yepyeni bir gündür. Bu bakımdan bugünü benim için ibadetle aç, mağfiret ve rızanla kapat! Bugün de bana nezdinde kabul olunacak haseneyi ihsan eyle. O haseneyi geliştir ve benim için onu kat kat çoğalt ve bugün de işleyeceğim günahları benim için affet. Çünkü çok affeden ve her çeşit nimetlerle kullarına ihsanda bulunan, kullarını çok fazla seven, daha istemezden önce onların isteklerini bilip takdir eden sensin!"

Ravi diyor ki: "Bir kimse Hz. İbrahim'in duasıyla sabahladığı takdirde o günün şükrünü eda etmiş sayılır."

Hz. İsa'nın duası

Hz. İsa şöyle dua ederdi:

"Ey Allah'ım! Ben istemediğimi uzaklaştırmaya, umduğum faydayı elde etmeye muktedir olmadığım bir vaziyette sabahlamış bulunuyorum. Kuvvet ve kudret ise senin elindedir. Ben amelimin sorumlusu olarak sabahlamış bulunuyorum. Bu bakımdan benden daha fakir bir kimse yoktur.

Ey Allah'ım! Düşmanımı sevindirecek şekilde beni gülünç duruma düşürme. Dostumu benim felaketimle üzme. Musibetimi dinimde tahakkuk ettirme. Dünyayı bana en büyük hedef olarak kılma.

Ey Hayy ve Kayyum olan Allah! Bana merhamet etmeyeni, bana musallat kılma!"

Hızır ile İlyas'ın duası

Hızır ve İlyas her mevsimde bir araya geldikleri zaman şu kelimeleri okuyarak ayrılırlar:

"Allah'ın ismiyle! Allah neyi dilerse o olur. Kuvvet ve kudret ancak Allah'ındır. Allah neyi dilerse o olur. Her nimet Allah'tandır. Allah neyi dilerse o olur. Hayrın tamamı

Allah'ın kudretindedir. Allah neyi dilerse o olur. Kötülüğü insanlardan uzaklaştıran sadece Allah'tır."

Kim sabahladığı zaman bu duayı üç defa okursa yangından, boğulmaktan ve hırsızlıktan Allah'ın izniyle emin olur.

Maruf el-Kerhi'nin duası

Muhammed bin Hasan şöyle demiştir:

"Maruf el-Kerhi bana dedi ki:

'Beşi dünya ve beşi de ahiret için olan on sözü sana öğreteyim ki, o sözlerle Allah'ı çağıran bir kimse, Allah'ın o sözlerinin yanında olduğunu görecektir.'

Bunun üzerine Maruf el-Kerhi'ye dedim ki:

'O sözleri bana yaz!'

Maruf 'Hayır yazamam. Ancak Bekir bin Hanis'in bana defalarca tekrar ettiği gibi ben de sana defalarca tekrarlamak suretiyle okuyayım' dedi. O sözler şunlardır:

'Dinim için, dünyam için, beni ilgilendiren meselelerim için kerim olan Allah bana kâfidir. Bana zulmedenden daha kuvvetli bulunan alim olan Allah bana yeter. Bana kötülükle yaklaşanın belini kırabilecek derecede şiddet ve kuvvete sahip olan Allah bana kâfidir. Rahim olan Allah ölüm anında bana kâfidir. Kabirde sorguya çekildiğim anda Allah bana kâfidir. Hesap zamanında kerim olan Allah bana kâfidir. Mizanın yanında latif olan Allah bana kâfidir. Sırat'ın yanında, kadir olan Allah bana kâfidir. Allah bana kâfidir. İlah ancak O'dur. O'na yaslanırım. O büyük arşın sahibidir.' "

Ebu Derda'nın duası

Ebu Derda şöyle demiştir:

"Kim günde yedi defa şu ayet-i celileyi okursa Allahüteâlâ ister o kul doğru olsun, isterse yalancı onun ahiretiyle ilgili bütün üzücü hadiselerde ona kâfi gelir.

'Ey resulüm! Eğer senden yüz çevirirlerse de ki: Bana Allah yeter. O'ndan başka ilah yoktur. Ben ancak O'na güvendim ve O büyük arşın sahibidir.' " (Tevbe, 129)

Utbetu'l-Gulam'ın duası

Bu zat öldükten sonra rüyada görülmüş ve "Ben şu sözlerin yüzü suyu hürmetine cennete girdim" demiştir.

"Ey Allah'ım! Ey sapıtanların hidayet edicisi Allah! Ey günahkârlara rahmet eden Allah! Ey sapanların sapışlarını affeden Allah! Büyük tehlikeye girmiş olan kulunu (kendi nefsini kastediyor) ve bütün Müslümanları rahmetine kavuştur. Bizi iyilerle beraber kıl. Nimetine kavuşturduğun peygamberler, sıddıklar, şehit ve salihlerle beraber kıl. Ey âlemlerin Rabbi! Bu duamı kabul eyle! Âmin."

Hz. Âdem'in duası

Hz. Aişe Validemiz şöyle demiştir:

"Allahüteâlâ Âdem kulunun tövbesini kabul etmek istediği zaman, Hz. Âdem Kâbe-i Muazzama'yı yedi tur ziyaret etti. Kâbe ise, o gün yapılmış bir bina değil, kırmızı bir tümsek idi. Sonra Hz. Âdem kalkarak iki rekât namaz kıldı. Namazın akabinde şöyle dua etti:

'Ey Allah'ım! Sen benim gizli tarafımı ve açık yanımı biliyorsun. Benim mazeretimi kabul eyle. Sen benim ihtiyacımı biliyorsun. O halde isteğimi bana ihsan eyle. Sen benim nefsimde ne varsa onu bilirsin! O halde benim günahlarımı da affeyle. Ey Allah'ım! Ben senden kalbime mübaşeret eden bir iman ve dosdoğru bir yakin istiyorum ki, onun sayesinde bana isabet etmesi yazılanın bana isabet edeceğini bileyim. Ey ikram ve celal sahibi olan Allah! O iman ve yakin sayesinde bana nasip ettiğine razı olayım.'

Bunun üzerine Allahüteâlâ Âdem kuluna şöyle vahyetti:

'Ben seni affettim. Senin zürriyetinden kim senin duanla beni çağırırsa onu da affederim. Onun gam, kasavet ve kederlerini kaldırırım. Fakirlik damgasını onun kaşlarının arasından söker atarım. Her ticaretin ardından ona kâr sağlarım, dünya ister istemez ona gelir, hatta o dünyayı istemese bile...' "

Hz. Ali'nin duası

Hz. Ali, Resulullah'ın şöyle dediğini rivayet eder:

"Allah her gün nefsini methü sena ederek şöyle buyurur:

"Muhakkak ben âlemlerin Rabbi olan Allah'ım. Muhakkak Allah benim. Benden başka ilah yoktur. Hayy (diri) ve Kayyum benim. Muhakkak Allah benim, benden başka ilah yoktur. En büyük ve en yüce benim. Muhakkak Allah benim. Benden başka ilah yoktur. Ben doğurmadım ve doğurulmadım. Muhakkak Allah benim, benden başka ilah yoktur. Affedici ve bağışlayıcıyım. Muhakkak Allah benim, benden başka ilah yoktur. Her şeyin başlatıcısı benim ve her şey bana dönecektir. Aziz (galip), Hakim (hikmet sahibi), Rahman, Rahim ve ceza gününün sahibi, hayır ve şerrin yaratıcısı, cennet ve cehennemi yoktan var eden, Vahid, Ehad, Ferd ve Samed benim. Görünür ve görünmez durumları bilen benim. Melik (saltanatı devamlı olan), Kuddus (her türlü noksanlıktan uzak olan), Selam, Müheymin ve Mümin (her şeyi gözetip koruyan), Aziz (her şeye galip gelen), Cebbar (kullarının halini ve ihtiyaçlarını düzelten), Mütekebbir (azamet sahibi), Halik (yaratıcı), Kebir, Müteali (yüce), Muktedir (her şeye güç yetiren), Kahhar (kahredici), Halim ve Kerim benim. Sena ve mecde (hamd ve şükre) layık olan benim. Sırrı ve sırdan daha gizli olanı bilirim. Kadir ve Rezzak benim. Bütün yaratıkların üstünde bulunan benim.' "

Bu duaya istinaden üstadım İmam Gazali der ki:

"Söylediğimiz şekilde 'ancak benim' mealindeki cümlelerin öncesinde 'Benden başka ilah yoktur' cümlesi zikredilmiştir. Bu bakımdan kim bu isimlerle Allah'ı çağırırsa, o şöyle devam etmelidir: 'Muhakkak sensin Allah! Senden başka ilah yoktur. Sen doğurmadın ve doğurulmadın...' (Yani duada Allah konuşuyor gibi tabirler kullanılmıştır. Ancak o duayı okuyan bir kimse aynı tabirleri değil de Allahüteâlâ'ya hitap eder bir şekilde duayı okumalıdır.)

Bu kelimelerle Allah'ı çağıran bir kimse ibadet edip

secdeye devam edenler defterine yazılır. Öyle ibadet edenler ki, yarın mahşerde Muhammed, İbrahim, Musa, İsa ve diğer peygamberlerle celal evinde komşuluk yapacaktır.

Onlara, yer ve göklerde Allah'a ibadet edenlerin sevabı kadar sevap yazılacaktır. Allah Hz. Muhammed'in s.a.v ve seçkin her kulunun üzerine salat ve selam eylesin!"

Süleyman bin Mutemer'in duası ve tespihi

Yunus bin Ubeyd, Rum diyarında şehit olan bir zatı rüyasında görür ve o zata sorar: 'Sen öbür dünyada amellerden en üstününün hangisi olduğunu gördün mü?' Şehit 'İbni Mutemer'in tespihlerinin Allah nezdinde büyük bir mevki işgal ettiğini gördüm' der.

O tespihler şunlardır:

'Allah her türlü eksikliklerden münezzehtir. Hamd Allah'a mahsustur. Allah'tan başka ilah yoktur. Allah her şeyden yücedir. Günahtan dönüş ve ibadete yöneliş ancak yüce ve büyük olan Allah'ın kuvvetiyledir.'

Bu sözleri Allah'ın yaratmış olduğu mahlukların sayısınca ve bundan böyle yaratacaklarının sayısınca, yarattıklarının ağırlığınca ve bundan böyle yaratacaklarının ağırlığınca, yaratmış olduklarının dolusu ve bundan böyle yaratacaklarının dolusu kadarınca, göklerin ve yerin dolusu kadarınca ve bütün bunlar kadar ve bunun birkaç misli kadar, bu tespihleri tekrar eder söylerim.

Bu tespihleri mahlukatın sayısınca, arşın ağırlığınca,

rahmetin enginliği kadar kelimelerin sayısınca, rızasının varacağı kadar ve razı oluncaya kadar söyler, tekrar ederim. Bu sözleri, O benden razı oluncaya kadar, dünya var olalıdan bugüne kadar, mahlûkatın onu andığı kadar ve bundan böyle kıyamete kadar her sene, her ay, her cuma, her gün, her gece, saatlerin her birisinde, her kokuda, her nefeste, ebediyen, bir ebetten öbür ebede, dünya ebedinden ahiret ebedine ve bütün bunlardan daha fazla, öncesi eksilmez ve ahiri gelmez ve sonu alınmaz bir şekilde bu kelimeleri söyler ve tekrar ederim."

İbrahim bin Edhem'in duası

İbrahim bin Edhem'in hizmetkârı olan İbrahim bin Beşşar, İbrahim bin Edhem Hazretleri'nin her cuma günü sabah ve akşam şu duayı okuduğunu rivayet eder:

"Mezid gününe ve yepyeni sabaha merhabalar! Kâtip ve şahit gününe merhabalar! Bizim bu günümüz bayram günüdür.

Ey Rabb'imiz! Bugün de dediklerimizi bizim için yaz. Hamid, (hamda layık olan), Mecid (ihsanı bol, şanı yüce), Rafi (yükselten), Vedud (sevilmeye gerçekten layık olan) ve kulları hakkında istediğini çekinmeden yerine getiren Allah'ın ismiyle başlarım.

Allah'a iman ederek sabahladım. Allah'ın cemal ve celaliyle karşılaşacağımı tasdik ederek sabahladım. Allah'ın susturucu delile sahip olduğunu itiraf ederek sabahladım. Günahımdan istiğfar ederek sabahladım. Allah'ın rububiyetini ikrar edip onun önünde eğilerek sabahladım.

Allah'tan başka herkesten ilahlık vasfını inkâr ederek sabahladım.

Allah'a muhtaç olarak sabahladım, Allah'a yaslanarak sabahladım. O'na dönüş yaparak sabahladım. Allah'ın meleklerini, peygamber ve resullerini, arşını yüklenen meleklerini, yarattıklarını ve bundan böyle yaratacaklarını, şahit yaparım ki, kendisinden başka ilah olmayan Allah O'dur.

Birdir, O'nun ortağı yoktur. Muhammed O'nun kulu ve resulüdür. Cennet haktır. Cehennem haktır. Ahirette Kevser havuzu haktır. Muhammed'in şefaati haktır. Kabirde Nekir ve Münker'in suali haktır.

Ey Rabb'im! Vadin ve vaidin haktır, Seninle karşılaşmak haktır. Belli saat (kıyamet) gelecektir. Onda şek ve şüphe yoktur. Muhakkak Allahüteâlâ kabirlerde yatan ölüleri diriltip haşre gönderecektir. Bu inanç üzerinde yaşıyor ve bu inanç üzerinde öleceğim ve bu inanç üzere inşallah haşrolunacağım.

Ey Allah'ım! Sen Rabb'imsin. Senden başka ilah yoktur. Beni yoktan var ettin. Ben kulunum. Sana vermiş olduğum ahit ve vaat üzerinde bulunuyorum. Buna gücüm yettiği kadar devam edeceğim.

Ey Allah'ım! Kendi yaptıklarımın ve her şer sahibinin şerrinden sana sığınırım.

Ey Allah'ım! Ben nefsime zulmettim. Benim günahlarımı bana bağışla! Çünkü senden başka günahları bağışlayan yoktur. Beni ahlakların en güzeline ilet. Çünkü ahlakların en güzeline ileten ancak sensin. Benden ahlakların kötülerini uzaklaştır. Çünkü ahlakların kötülerini uzaklaştıran ancak sensin. Senin hizmetindeyim, senin hizmetindeyim. Hayrın tamamı senin kudret ellerindedir. Ben seninim ve sendenim. Günahımın affını senden talep eder, sana dönerim.

Ey Allah'ım! Senin gönderdiğin resule iman ettim. Ey Allah'ım! İndirdiğin kitaba inandım. Mektep ve medrese görmeyen peygamber-i zişanın Muhammed benim konuşmamın mührü ve anahtarıdır. Bütün nebi ve resullerinin üzerine de salat ve selamını yağdır.

Ey âlemlerin Rabbi! Duamı kabul eyle!

Ey Allah'ım! Bizi Muhammed'in havuzuna (Kevser) ulaştır. Bizi Muhammed'in kadehiyle sulandır ki, o suyu içtikten sonra ebediyen susamayalım. O öyle bir su ki kolayca yutulur, hoş gelir ve insanı suya kandırır. Biz mahrum olmaksızın, ahdini bozmaksızın, şüpheye düşmeksizin, fitneye kapılmamış, sapıtmamış ve gazabına uğramamış bir halde Muhammed'in ashabıyla haşret!

Ey Allah'ım! Dünyanın fitnelerinden beni koru. Sen neyi seviyor, neden razıysan beni onu yapmaya muvaffak kıl. Benim halimin tamamını ıslah eyle. Dünya ve ahirette şaşmaz ve değişmez hükmünle beni sabit kıl. Her ne kadar zalim isem de beni saptırma. Sen her eksiklikten uzaksın, ey Aliy (çok yüce), Azim (çok azametli), Bâri (kusursuz yaratan), Rahim, Aziz (en üstün, şanı en yüce), Cebbar (dilediğini zorla yaptırmaya muktedir olan; yarattıklarının noksanlarını düzelten, işlerini ıslah eden) olan Allah.

Göklerin gölgeleriyle kendisini her türlü eksiklikten tenzih eden Allah, her türlü noksanlıktan münezzehtir.

Denizlerin kabaran dalgalarıyla, dağların yansıtan sesleriyle, denizdeki kocaman balıkların kendilerine mahsus dilleriyle, göklerdeki yıldızların burçlarıyla, ağaçların kök ve meyveleriyle, yedi kat gök ile yedi kat yerin üzerinde ve içindeki varlıklarıyla kendisini tespih eden Allah! Biz de seni tespih ve tenzih ederiz. Öyle bir Allah'ı tenzih ederiz ki, yarattıklarının her ferdi ya diliyle veya varlığıyla onu tespih etmektedir.

Ey Allah'ım! Sen yücesin, sen yücesin! Sen her eksiklikten münezzehsin, münezzehsin! Ey Kayyum (her şeyi ayakta tutan), ey Alim (her şeyi en iyi bilen), ey Halim (yarattıklarına daima son derece yumuşak muamele eden; affı merhameti, müsamahası sınırsız olan) sen her türlü eksiklikten münezzehsin! Senden başka ilah yok. Sen teksin, senin ortağın yoktur. Diriltiyorsun, öldürüyorsun. Ölümsüz diri ancak sensin. Hayrın tamamı senin kudretindedir. Sen her şeye kadirsin!"

Zaman zaman sosyal paylaşım sitelerinde dualar paylaşıyorum. "Günün Duası" adı altında... Okurun duaya ilgisi çok büyük. Buradan da birkaç esmalı dua yazmayı isterim.

Esma-şifa duamız:

"Allah'ım şifa veren sensin şifa yalnız sendendir, sana muhtacız, biz âciziz sen Aziz'sin. Biz güçsüzüz sen Kaviy'sin. Bu kâinatın hâkimi Melik'sin. Her şeyi yoktan var eden Halik'sin. Bizim derdimiz senin katında zerre olamaz ki, ey kullarına bir annenin yavrusuna yaklaştığından daha merhamet eden Rahman ve Rahim. Sen el-Berr'sin, iyilik, güzellik, kolaylık sağlayansın, her türlü işimizi kolay kıl. Biz yalnız sana kulluk eder, sana inanır, senden yardım dileriz. Sen can veren Muhyi'sin. Hücrelerimize kadar tüm organlarımıza yeniden dirilik ver. Âmin."

Allah'a Mani ismiyle sığının... Muheymin ismiyle korunun ve Vekil ismiyle yardım isteyin. O bize kâfidir.

Allah'ı vekil kılın ve Hadi ismiyle yavrularınıza, eşlerinize hidayet dileyin. O en güzel yardımcıdır...

Kimse Allah'ın kendisine ne vereceğini bilemez. Hayır olanı niyetle isteyen kul huzura eren kuldur...

Hayat seni yorduğunda hemen Rabb'ine dön ve de ki: "Ya Berr... Sensin kolaylaştıran... Sana sığındım... Senin rahmetinle ısınıyor yüreğim..."

Tevekkül için dua:

"Ey Rabb'im! Bizim tek ihtiyacımız senin sevgin, merhametin ve rızan. Biz bizi bıraksak da sen merhamet et bizim yüreklerimizi kendine bağla."

Musibete karşı okunacak dua:

"Ya Rabbi üzerimizde bulunan her musibet, kem göz ve şerre Mani isminle engel ol. Kabıd isminle kötü düşünceleri, vesveseleri daralt. Tek yardımcımız Vekil'imiz sensin. Âmin."

Cuma gecesi duası:

"Ya Rabbi! Sen bu mübarek cuma gecesi hürmetine Hadi isminle bizi, eşlerimizi, yavrularımızı ve sevdiklerimizi hidayete erdir. Kalbimize iman ışığı ver ya Mümin.

Evlatlarımızı ve sevdiklerimizi koruyan sensin ya Muheymin. Biz senin kulunuz sen bizim Rabb'imizsin. Sana sığınır, yalnız senden yardım dilerim. Âmin."

Güne başlama duası:

"Allah'ım bugünün içindeki şerden sana sığınır, senden hayırlı olanı dileriz."

Gece uyumadan önce dua:

"Ya Vedud! Biz seni yeterince sevebilseydik başka sevgiye muhtaç olmazdık. Seni daha çok sevmeyi bize nasip et. Sen de bizi sevdiğin kullarının arasına al. Biz kendimizi bıraktığımızda sen bizi bırakma. Eğer gece ruhumu alacaksan ona merhamet et, imanımla al canımı. Yeni günün sabahına çıkaracaksan da imanımı artır, sevdiklerini koruduğun gibi beni ve sevdiklerimi de koru.

Ey bu karanlık gecenin sahibi olan Allah'ım. Sen kararmış yüreğimizi nurlandır. Şaşırmış olan sevdiklerimizi doğru yola ilet. Yüreğimize yüreğiyle gelenleri nasip et. Senin sevgine muhtacız ya Vedud. Bize Ganiy Ganiy seni sevmeyi nasip et. Âmin."

Yalnız dua konusunda bir ayrıma dikkat etmenizi isterim. Bu ince ayrım çok önemlidir. Allah duasında ısrarcı olan kullarını sever. Nitekim bu konudaki bir hadis şöyledir: "Şüphesiz ki Allah, ısrarla dua edenleri sever." (Beyhaki, *Şu'abü'l-imân, er-Rica Minallah*, 1108)

Ama biz ısrar ile dua etmekle ısrarcı davranmayı karıştırıyoruz! Duada ısrar etmek, "Ben duamı ediyorum, yine edeceğim, Allah'tan asla ümidimi kesmeden duama devam edeceğim" demektir. Fakat biz dua olmuyor diye ısrar ediyoruz! Ne diyor Hz. Mevlana: "Dua Allah'ın kapısın çalmaktır, diretmek haddi aşmaktır."

Allah bizleri, tevekkül (bağlılık, teslimiyet) ve teveccühle (samimiyetle) dua eden kullarından eylesin inşallah.

Sen teslimiyet nedir bilir misin?
Sıkıntı anında kurtulmak yerine,
"Bu senden geldi Rabb'im, demek ki benim derecem artıyor, üzerimde er-Rafi ismin tecelli ediyor" diye umutla beklemektir...

YADIRGAMAK-BÜYÜK KONUŞMAK

Bu konuya çok önem veriyorum. Çünkü hayatımın bir bölümü sürekli insanların konuşmalarını, davranışlarını gözlemleyerek geçiyor. Terapi için ofisime gelen danışanlarımla ilgili çok karşılaştığım bir durumdan söz edeceğim. Biz maalesef insanları yadırgıyoruz bunu bazen farkında olmadan da yapıyoruz. Birinin gafı, hatası veya kötü alışkanlığıyla dalga geçebiliyoruz ve bu bir lanet, Allah'ın gazabı olarak maalesef başımıza geliyor.

Hadisi anımsatmak isterim:

Efendimiz buyurmuştur ki: "Kim başkasında gördüğü bir ayıbı kınarsa o ayıp onun da *başına gelmeden* ölmez. (Tirmizi, *Kıyame*, 53)

Allah her insan için ayrıca bir melek yaratmıştır. Bu melek sürekli bizi takip içindedir. Seninle birlikte dolaşır. Kişi birini yadırgadığında veya kötülediğinde melek ona, "O kötülük senin üzerine olsun, sen Allah'ın kulunu kötülükle andın, bu kötülük artık senindir" der.

Kişi hayırla, güzellikle andığında ise, "Ey kul, Allah senden razı olsun. Sen Allah'ın kulunu hayırla andın. O hayır seninle birlikte olsun" der.

Büyük konuştuğumuz, yadırgadıklarımız başımıza mutlaka geliyor. Bunun birçok örneğini bizzat yaşadım. Asker arkadaşım gelmişti ziyaretime, morali çok bozuktu. Oğlunun OKB (obsesif kompulsif bozukluk [takıntı hastalığı]) olduğunu söylediğinde üzülmüştüm. Gerçekten çok ağır bir rahatsızlıktır, eski adı "evham"dır. Ve yedi yaşında bir çocuğun bunu yaşaması ayrı bir üzücü durumdu. Henüz yedi yaşındaki oğluna ilaç tedavisi istemiyordu.

Bir anda zihnimde bir hadis belirdi; "Yadırgama, başına gelmeden, o yadırgadığını görmeden ölmeyeceksin" diyordu ya Efendimiz, arkadaşıma birini yadırgayıp yadırgamadığını sordum. "Baldızım OKB" diye cevap verdi. On beş gündür kendisinde kalıyormuş ve asker arkadaşım onun davranışlarını, saatlerce abdest alarak, ellerini yıkadığını yadırgadığını itiraf etti.

İşte yakalamıştık sorunu... Ona hemen yanımda, "Allah'ım sen Tevvab'sın, tövbeleri kabul edensin, ben bir kulunu yadırgadım, pişmanım, tövbe ettim, affet" diye tövbe ettirdim.

Ve mucizevi bir şekilde anında bu takıntı çocuğun üzerinden kalktı.

Özellikle babalar maalesef bu hataya çok düşüyor, dilimizi tutamıyoruz. Farkında bile olmadan bunu yapıyoruz. Çoğu baba henüz çocuk yaşta bile bunu yapabiliyor ve kendi evladında görüyor olanı... Veya kişi yadırgadığı olayı kendi üzerinde mutlaka ama mutlaka yaşıyor...

En son bir hanım danışanım geldi. Yediklerini midesi almıyor ve geri çıkarıyormuş. Kızcağızın gitmediği doktor kalmamış. Zayıflamıştı, neredeyse bir deri bir kemik kalmıştı. Terapiye başlarken içimden bir ses kızın üzerinde bir lanet olduğunu anımsattı. Ona kendinin veya babasının birini yadırgayıp yadırgamadığını sordum bu konuda...

"Hocam, babam amcaoğlumu yadırgadı, aynı hastalık onda vardı ve bana zaten ondan sonra geçti" deyince hemen babasına tövbe ettirmesini istedim.

Akşam eve gitmiş babasına iki rekât namaz kıldırıp tövbe ettirmiş. Önceki gün tekrar bana mesaj atmış, yavrucak hâlâ teşekkür ediyor, hayatında her şey düzene girmiş, o günden sonra yemeklerini yiyebiliyor, normal insan gibi yaşıyormuş. Bu benim için en güzel ödüldü. Tıpta çözümü olmayan şeylere vesile olmak, daha da ötesi dualar almak beni mutlu ediyor... Beni ayakta tutan bu kadar yoğunlukta aldığım dualar olmalı. Allah'a hamd olsun. Sizleri seviyorum... Allah sizlerden de razı olsun...

Bela insanın diline bağlıdır. Bir kimse bir şeyi (asla, kesinlikle, katiyen) "yapmam" dedi mi, şeytan her işini bırakıp onu yaptırana kadar uğraşır.

Vaktiyle bir derviş, nefisle mücadele makamının sonuna gelir. Meşrebin usulünce bundan sonra her türlü süsten, gösterişten arınacak, varlıktan vazgeçecektir. Fakat iş yamalı bir hırka giymekten ibaret değildir. Her türlü görünür süslerden de arınması gereklidir. Saç, sakal, bıyık, kaş, ne varsa hepsinden. Derviş, usule uygun hareket eder, soluğu berberde alır.

"Vur usturayı berber efendi" der.

Berber dervişin saçlarını kazımaya baslar. Derviş aynada kendini takip etmektedir. Başının sağ kısmı tamamen kazın-

mıştır. Berber tam diğer tarafa usturayı vuracakken, yağız mı yağız, bıçkın mı bıçkın bir kabadayı girer içeri.

Doğruca dervişin yanına gider, başının kazınmış kısmına okkalı bir tokat atarak "Kalk bakalım kabak, kalk da tıraşımızı olalım" diye kükrer.

Dervişlik bu... Sövene dilsiz, vurana elsiz gerek. Kaideyi bozmaz derviş. Ses çıkarmaz, usulca kalkar yerinden. Berber mahcup, fakat korkmuştur. Ses çıkaramaz. Kabadayı koltuğa oturur, berber tıraşa başlar. Fakat küstah kabadayı tıraş esnasında da sürekli aşağılar dervişi, alay eder: "Kabak aşağı, kabak yukarı."

Nihayet tıraş biter, kabadayı dükkândan çıkar. Henüz birkaç metre gitmiştir ki, gemden boşanmış bir at arabası yokuştan aşağı hızla üzerine gelir.

Kabadayı şaşkınlıkla yol ortasında kalakalır. Derken, araba gelir ona çarpar. Kabadayı orada yığılır kalır. Ölmüştür. Görenler çığlığı basar.

Berber ise şaşkın, bir manzaraya, bir dervişe bakar, gayri-ihtiyari sorar:

"Biraz ağır olmadı mı derviş efendi?"

Derviş mahzun, düşünceli cevap verir:

"Vallahi gücenmedim ona. Hakkımı da helal etmiştim. Gel gör ki, kabağın da bir sahibi var. O gücenmiş olmalı!.."

Hey kurban olduğum Allah'ım sen nelere kadirsin. Hem yazıyorum, hem gözlerim doluyor, tüylerim diken diken oluyor... Ne güzel bir Rabb'imiz var bizim, O'nu hissetmek ne güzel.

Mazlumun, hakkı alınmış kulunun yanında olduğunu duyumsamak ne büyük bir derinlik... Aşk bu... Kesinlikle bu... Kim yanımızda ki yere düştüğümüzde? İnsanın yakını bile maalesef bir tekme atıyor. Hiç ummadıkları, bundan zarar gelmez dedikleri yüzünden çoğu insan resmen travma içinde... Allah bize kâfidir, hiç merak etmeyin. O halde hadi tekrar edelim; neydi mutluluğun anahtarı artık?

"Bana Allah yeter"

Sen Allah'ın yarattığını küçük görme ki
Allah da seni rahmetinden
eksik etmesin

İşte huzurun sırrı:

Az yemek, az insan, az konuşmak;
bol tefekkür, bol zikir, bol ibadet
kalp gözünü açar, ruhunu besler.

DÜNYA KİMİN?

"Bu dünya hayatı sadece bir eğlence ve oyundan ibarettir. Ahiret yurduna gelince, işte asıl hayat odur. Keşke bilmiş olsalardı." (Ankebut, 64)

Ayeti okudun. Allah bizlere sesleniyor, adeta sitem ediyor Rabb'imiz. Bu dünyanın ne kadar sahte, aldatmaca içinde olduğunu keşke kullarım idrak etse diyor. Cüzi irade vermiş, kafanın içine sokamaz ki, seçimi sana bırakıyor, burada ancak ayetiyle seni uyandırmak, silkelemek istiyor Allah.

Bir gün içinde bulunduğumuz şu dünya Allah'a seslendi, "Rabb'im, yarattıkların arasında bir tek bana dönüp de bakmadın" diye... Allah nida etti ona, "Sen sus oradan" diye!..

Yine bir gün Şeytan zikreden, Allah'ı anan bir topluluk görünce üzülmüş, başını taşlara vurmaya başlamıştı. Dünya onun bu umutsuz haline görünce Şeytan'a sordu:

"Nedir senin derdin böyle?"

Şeytan cevap verdi:

"Şurada Allah'ı anan bir topluluk var, ne yapsam onları kendi yoluma saptıramıyorum."

Dünya kıs kıs gülerek cevap verdi:

"Sen üzülme, birazdan onlar dağılır ve ben bir şekilde kendi yolumuza onları saptırırım."

Dünya bu kadar emin işte bizi kendi yoluna saptıracağından!

Efendimiz'in şu hadisini kulaklarında çınlasın, yüreğine işlesin diye tekrar anımsatmak istiyorum:

"Ya Resulullah! Şu anda kisralar, krallar saraylarında kuştüyünden yataklarında yatarken, kâinat yüzü suyu hürmetine yaratılmış olan sen, sadece kuru bir hasır üstünde yatıyorsun ve o hasır, senin yüzünde iz bırakıyor. Gördüklerim beni ağlattı" diyen Hz. Ömer'e Allah resulü, şu karşılıkta bulunur:

"İstemez misin ya Ömer, dünya onların, ahiret de bizim olsun?" (Buhari, *Tefsir*, 21)

Ne demiştik? Hadisleri Efendimiz'in bizimle konuşması gibi algılarsak daha da derinleşeceğiz inşallah. İşte sana soruyor Allah resulü... Kardeşim diyor, istemez misin dünya onların, ahiret bizim olsun? Cevabı sana bırakıyorum, sana soruyor çünkü Allah'ın habibi o kutlu nebi...

Bir keresinde bir müridi Ebu Medyen'e geldi ve şöyle dedi:

"Ey efendimiz! Şeytan bana eziyet ediyor. Onu benden uzaklaştırmanı umuyorum. Bu konuda lütfen bana bir ilim nasihat et."

Ebu Medyen ona dedi ki:

"Senden önce de Şeytan gelip seni bana şikâyet etti."

Mürit "Peki, sana ne dedi?" diye sordu merakla.

Ebu Medyen dedi ki:

"Şeytan bana şunu söyledi: 'Ey şeyh!.. Biliyorsun ki, dünyayı Rabb'im olan Allah benim için yarattı. Onu benim zimmetime verdi. Dünyayı benim hissem kıldı. Beni ona sahip yaptı. Filan adam geldi, bana saldırdı, bana ait olan şeyi aldı. Ben de onun peşinden koşup hakkımı almaya çalıştım. Allah'a yemin ederim, onlardan hiçbir insana durduk yere yönelmedim, hiç kimseyi onlardan almadım, yerimden ayrılmadım. Sadece bahçemi ve malımı korudum. Ondan bana ait bir şey alanın peşine düşer, hakkımı isterim. Biliyorsun ki filan adam gelip beni sana şikâyet edecek. Ben ondan önce gelip olayı sana anlatmak istedim. Ben hakkımı onun yanında bırakmam. Gücümün yettiği kadar dininden alırım veya zahitlerin ve dünyayla bağlarını kesenlerin yaptığı gibi benim eşyamı geri verir.' "

Nitekim yüce Allah şöyle buyurmuştur: "Benim kullarım üzerinde senin bir hâkimiyetin yoktur." (İsra, 65)

Şeytan devam eder:

"Benim onlara karşı bir hüccetim, onlarda bir hakkım yoktur, eğer benim hakkımı bırakırlarsa... Ama bu adam bana haksız yere saldırıda bulundu. Şimdi kim zalimdir?.."

Mürit "Ben" dedi.

Ebu Medyen "Öyleyse Şeytan'a dünyasını ver, o da sana ahiretini versin" dedi.

Yine bir gün Hz. İsa yarım kerpici başının altına koymuş, yatıp uyumuştu. Uyanıp gözlerini açtığında İblis'i başında bekler buldu.

Ona "A melun, başımda ne bekliyorsun? diye sordu.

İblis ona dedi ki:

"Başının altına koyduğun benim kerpicim. Bütün dünya benim malım olduğuna göre, bu kerpiç parçası da benim malım demektir. Mademki malımı kullanıyorsun bana ortak oldun demektir."

Hz. İsa kerpici başının altından aldı, fırlatıp attı. Yeniden uyumaya niyetlendi. İblis de savuştu gitti.

İşin özüne bakarsak, bizler kimin malını paylaşamıyoruz ki? Aldığımız nefes bile Allah'ın iken neyin derdindeyiz?

Bir gün bir baba oğullarına der ki:

"Evlatlarım, ben ölürsem eğer, sizden isteğim benim sandıkta duran o yırtık çorabı bana giydirin ve beni o şekilde gömün."

Çocukları hemen söze girer, "Allah geçinden versin baba ama olmaz, biz çok zenginiz, yırtık çorabı sana giydiremeyiz. Gerekirse altın tozundan, gerekirse Hint kumaşından çorap yaptırır, onu giydiririz."

Baba ısrarlıdır, illa ki o yırtık çorap diye.

Baba devam eder, "Çorabı mutlaka giydirin ve bizim avukattan mal paylaşımıyla ilgili zarfı alın" der.

Günün birinde baba ölür.

Çocukları vasiyeti yerine getirmek ister ama imam karşı çıkar.

"Hayır dinimiz gereği, ölen insan çırılçıplak ve kefene sarılı bir şekilde defnedilir" der.

Çocuklar ısrar etse de imam giydirmez, baba defnedilir.

Çocuklar babalarının vasiyetini yerine getiremedikleri için üzgündür ama yapacak bir şey de yoktur.

Avukata giderler, babalarının bıraktığı zarfı alırlar ve okurlar.

Zarfta aynen şunlar yazmaktadır:

"Gördünüz mü evlatlarım, bir yırtık çorabı bile götüremedim öbür dünyaya..."

Tam isyan ederken tut Rabb'inin ellerinden,
sarıl seni yoktan var edene...
İşte o vakit Şeytan suratını asıp feryat etsin,
tam da yoldan çıkarmaya ramak kalmıştı diye!..

ALLAH'I HİSSEDEREK NEFES ALMAK

"Allahüteâlâ buyurdu: 'Ben, kulumun benim hakkımdaki zannına göreyimdir.' " (Buhari, *Tevhit* 35, Müslim, *Zikir* 1 [2675], Tirmizi, *Züht* 51 [2389])

Rabbin seni sevdiğini hissedebilirsin. Seni andığını fark etmen çok basit, tek yapman gereken anlık tefekkürdür.

Çalışırken, kalabalık bir ortamda bunu yapabilirsin. Bir an dur ve çevrene bak, yüzlerce insan göreceksin, hepsinin üzerinde Allah'ın Basir (gör) esması tecelli ediyor, hepsinin üzerinde Semi (işit) esması tecelli ediyor ve Rabb'in onlara "Beni anın kalbinizi bana döndürün nidamı duyacaksınız" derken hepsi nefis derdinde... Fakat O seni uyandırmış, bu kitabı okurken bile hissedebilirsin üzerinde tecelli eden esmasını, rahmetini.

Kalabalıkta o kadar insan uyuyorken o senin kendisini duymanı, hissetmeni istiyor. Bu çok derin, bu bir insanı huzurdan bayıltacak kadar etkilidir. Hakikatten söz ediyorum. Herkes nefis derdindeyken senin kalp gözün açılmış ki Rabb'in nidasının, üzerinde tecelli eden rahmetinin farkındasın...

Ve şimdi derin bir nefes al... O nefesin içindeki rahmetle ruhunu beslediğini, içindeki tüm organların yenilendiğini, şifa bulduğunu hissedebilirsin. Tüm hücrelerinin yenilendiğini... İşte bak Allah böyle sana şahdamarından yakın. Senin O'nu hissetmen O'nun da seni hissetmesi demektir. İşte şu an Rabb'inlesin, O'nunla baş başasın... Sen O'nu hissediyorsun O da seni hissediyor. Bu durumda benlik yok olur, ortaya ilahi aşk yükselir. Sen o ilahi aşkın içine düşersin, yüreğin beslenir.

Allah seni seviyor ki kendini hissetmeni istiyor. Hem dostsun hem sevdiğisin, hem değerlisin... Hissedebiliyor musun? Ne mutlu sana...

Allah'ı çok uzaklarda arama, uzaya da gitsen, yerin dibine de girsen O seninle. Sen kendini, kalbini unutma yeter. Çünkü o kalp senin tahmininden çok daha değerli bir rahmet yuvasıdır.

Bir talebe hocasına "Kul Allahüteâlâ'nın kendisinden razı olduğunu bilebilir mi?" diye sordu.

Hocası "Bilemez, bunu nasıl bilsin ki, Allah'ın rızası gayba ait bir şeydir!" dedi.

Talebe "Hayır, bilebilir!" dedi.

Hocası "Nasıl?" diye sordu.

Talebe "Ben kalbimin Allah'tan razı olduğunu görürsem, bilirim ki O da benden razıdır!" diye cevap verdi.

Bunu işiten hocası:

"Ey genç, güzel ve doğru söyledin!" dedi.

Bir gün Bayezid-i Bestami Hazretleri yolda bir grup insanla karşılaşmış. Onlara "Nereden geliyorsunuz?" diye sorunca, Mekke'den döndüklerini ve orada hac ibadetini ifa ettiklerini söylemişler. Bestami de "Boşuna zahmet etmişsiniz" demiş. Beytullah'ın aslı orada değil ki burada. Keşke biraz da insanı tavaf etseydiniz.

Dikkat edilirse, dervişler, zikrederlerken sola doğru dönerler, kalp istikametine. Kalbe doğru. Aksi istikamete yönelmezler, sırf kalpten uzaklaşmamak için. Kalpten, yani insandan...

Unutma o halde ey talip, seni senden, hakikatinden uzaklaştıran her ne ise, sen de ondan uzaklaş! Aynanda görmen gereken kendi zatın, iskeletin değil!

Hadi söyle, hiç kendi gönlünü tavaf ettin mi ey talip?

Sen Rabb'ine aşkla bağlan ki
her sıkıntı
aşka dönüşsün.

SADECE İŞİMİZ DÜŞTÜĞÜNDE O'NU ANIYORUZ!..

Bazı insanlar vardır bol zikir çeker, bolca ibadet eder. Amaçları sevap kazanmak, cennete gitmektir. Bazı insanlar vardır onların tüm amacı, tüm ibadetleri Allah'ın rızasını kazanmak adınadır. Onlar Allah'tan gayrı bir şey düşünmezler.

İşte bu Allah'a duyulan aşktır. Bu ilahi olandır. Yüreği besleyen, ruha huşu katan bir aşktır bu yaklaşım... Ama kul bunu huşu bulmak için bile yapmaz. Nefis o kadar kurnazdır ki, ona çok dikkat etmek gerekir, huşu bulmak için yapılan ibadette bile Şeytan'ın kurnazlığı vardır.

Danışanlarım bana soruyor: "Hocam niçin namazda huşu bulamıyoruz, bulmak için ne yapabiliriz?"

Ben de onlara huşu isteyeni bulmalarını söylüyorum!

Şayet sen bu huşuyu, "Oh be ne kadar da güzel, tam olarak ibadetimi yaptım, bak rahatladım ruhum beslendi görüyor musun" diye düşünerek yapıyorsan burada Şeytan'ın hilesine yakalanıyorsun demektir. Çünkü burada huşuyla tatmin olan kalp değil, nefistir. Unutma, Şeytan tahmin edemeyeceğin kadar çok kurnazdır.

Vesvese imanın doğruluğunu, Allah'a kalbinin dönük olduğunu gösterir. Bu yolun kendisi güzeldir. Engel olacak ki derece artsın, Allah katındaki derecen yükselerek, O'na olan dostluğun pekişsin.

Sevdiğim bir hikâye vardır:

Âşık bir çobandı o. Sevgilisinin isminden başka bir şey bilmediğinden mi, konuşmaya mecali olmadığından mı bilinmez, arkadaşı anlatıyordu onun halini yaşlı adama:

"Gözleri günlerdir uyku görmedi efendim" diyordu, "yemiyor içmiyor, işi gücü, gecesi gündüzü, havası suyu o kız oldu sanki. Ne desem kâr etmiyor, son bir çare diye geldik size. Halbuki 'Sen bir garip çobansın, o padişahın kızı, davul bile dengi dengine' dedim ya, dinlemiyor efendim, ama herhalde aşkın gözü kördür diye de buna diyorlar, değil mi efendim..."

Yaşlı adam bu esnada gözlerini dikmiş, iskeletinin üstüne deriden bir zırh giydirilmişçesine zayıf, çelimsiz, saçı sakalına karışmış, uzaklara dalıp dalıp giden, gözlerinde aşktan gayrısı kalmayan diğer çobanı süzüyordu. Sonra bir ah çekti, yüzünü nefes almadan konuşmasını sürdüren delikanlıya çevirip tebessüm etti.

"Kolay evlat kolay" dedi, "çaresizseniz çare sizsiniz." Ve tane tane anlatmaya başladı.

İki genç çobanın, çökmek üzere olan bu kulübesinde dertlerine derman aradıkları ihtiyar adam, aslında padişahın bütün dertlerini paylaştığı, her meselesini danıştığı bir bilgeydi...

Yıllar önce padişah kendisini tanıyıp sevdiğinde bir tek şey istemişti ondan; burada yaşamaya devam edecekti ve kimsecikler bilmeyecekti kim olduğunu. O günden beri de bu kulübede yaşıyor, gelen geçene ikram edip, gül alıp gül satıyordu.

Padişahın kızının aşkıyla eriyip muma dönen genç çoban ve yanındaki kadim dostu nereden bilebilirdi bu garip ihtiyarın padişahın gönlüne sultan olduğunu.

Âşık genç, ihtiyar adamın anlattıklarını dinledikten sonra, her şeyin bittiği anda başlayan son ümide sımsıkı sarılanların o saf ve tertemiz teslimiyetiyle, "Sahiden bu kadar kolay mı efendim" dedi, "yani o mağarada elimde tesbih, kırk gün Allah dersem sevdiğime kavuşabilir miyim, onunla evlenebilir miyim?"

"Evet" dedi bilge, "kırk gün o mağarada gece gündüz Allah diyeceksin, kırk gün sonra padişahın kızı senindir."

İki dost hemen yola çıktılar, âşık çobanın yüzüne kan, dizlerine derman, yüreğine yeniden can gelmişti. Arkadaşına sarılıp, elinde tesbih, gönlünde aşk, yüzünde ümit çiçeklerinden örülme bir tebessüm, mağaranın yolunu tuttu. Varır varmaz hiç vakit kaybetmeden diz çöktü, dualar etti, gözlerini kapattı, kalbini padişahın kızına bağladı, eline tesbihi aldı ve dudakları kıpırdamaya başladı: "Allah, Allah, Allah..."

Günler günleri padişahın kızının hayaliyle tesbih taneleri gibi kovalayadursun, mağaranın yakınındaki köyleri bir söylenti çoktan sarmıştı. Herkes birbirine karşı dağdaki mağarada gece gündüz Allah diyen gençten bahsediyordu. Cami çıkışında ihtiyarlar, çeşme başında kadınlar, tarlada işçiler, top oynayan çocuklar, herkes onu konuşuyordu:

"Şu karşı mağarada bir genç varmış, kendini Allah'a

adamış, gece gündüz durmadan Allah diyormuş, Allah Allah..."

Âşık dostunun ne halde olduğunu merak eden genç çoban, mağaraya geldiğinde üç hafta geride kalmıştı bile. Bizimkinin gözleri kapalıydı, dudaklarının da kıpırdamadığını görünce, uyuyakaldı herhalde diye düşündü. Tesbih tanelerinin parmaklarının arasında dolaşmaya devam ettiğini görünce de, bu nasıl uyku diye sordu kendi kendine.

Bu sırada gözlerini açan genç adam, karşısında arkadaşını görünce, günlerdir yalnızlığıyla paylaştıklarını birbiri ardına anlatmaya başladı: Kırk günün yarıdan fazlası geçmişti, o durmadan Allah diyordu, ama ne padişahın kızı vardı, ne bir haber, ne bir ümit kırıntısı... Acaba, diyecek oluyor, yutkunuyor, hayır diyor, tesbihine bakıyor, bir kalp gibi atan sağ elinin işaretparmağını sabitlemeye çalışıyor, avuçlarını sıkıyor, gözleri doluyordu.

Vedalaştılar. Ay ışığında dostunun gözlerine yayılan başkalık dikkatini çekmişti genç çobanın.

Âşık çoban yeniden eline tesbihini aldı, gözlerini kapattı, boynunu neye bağlayacağını bilemediği kalbine doğru büktü, dudakları kıpırdamıyordu artık, sustu gece, mağaranın duvarları sustu, tükendi her şey, hiç tükendi, an bitti, sadece bir söz kaldı: Allah...

Kırk günün dolmasına üç beş gün kala, mağaradaki dervişin namı bütün ülkeyi sarmış, nihayet sarayın koridorlarında konuşulur olmuştu. Meselenin aslını merak eden padişaha, bu insanların bir yerde sürekli kalmadıklarından, bulundukları mekâna bereket getirdiklerinden, ne yapıp edip bu dervişi ülkelerinde yaşamaya ikna etmeleri gerektiğinden uzun uzun bahsetti başveziri.

Ne yapması gerektiğini artık bilen padişah, nasıl yapması gerektiğini bilemediği bütün zamanlarda yaptığı gibi, dağ kulübesinin yolunu tuttu. Hürmetle diz çöktü bilge ihtiyarın önünde. Derdini anlattı, derman diledi. Sarayının yanına bir saray yaptırmaktan, o dervişi veziri yapmaya, sancak ve tuğ vermeye kadar saydığı her şey, bilgenin "Hünkârım, gönül erleri mala mülke, makama mansıba itibar etmezler" demesiyle son buldu.

Kaderdi bu, padişahlar ile köleleri aynı eteğin önünde diz çöktürür, birinin derdini diğerine derman eyler, ikisini de aynı tebessümle bahtiyar ederdi.

Güldü ihtiyar.

"Neden kerimenizin nikâhını teklif etmiyorsunuz sultanım?" dedi.

Şaşırma sırası padişaha gelmişti.

"Nasıl yani" diyebildi, "bu şerefi bize lütfederler mi, kabul ederler mi?"

Kırkıncı günün güneşi batmak üzereydi genç âşığın mağarasının üstünden... Padişah ve ihtiyar bilge en önde, arkalarında vezirler, onların arkasında halktan meraklı bir kalabalık ve en arkada da olup bitenlere bir mana vermeye çalışan âşık çobanın arkadaşı, mağaraya doğru yürümeye başladılar. Bu arada bizim âşık kendinden öylesine geçmiş, tespihiyle öylesine bir olmuştu ki, gelenler içeri girseler ve bir tesbihten başka bir şey bulamasalar şaşırmazlardı.

Padişah edepte kusur etmemeye çalışarak içeri girdi, ellerini birbirine bağladı, duyulması güç bir sesle, "Efendim" dedi, "sizi ziyarete geldik."

Yavaşça başını çevirdi âşık, sonra bütün vücuduyla döndü, gözlerinde en ufak bir şaşkınlık emaresi yoktu, sapsarı bir heykel gibiydi. Herkes heyecan içinde... Vezirler, halk, genç çoban, mağara, tesbih, sessizlik, duvar... Hatta güneş bile batmaktan vazgeçmiş, kafasını mağaranın içine doğru uzatarak olan biteni görme telaşındaydı.

Padişah meramını anlattı, türlü tekliflerde bulundu. Ne saray, ne vezirlik, ne tuğ ne de sancak, hiçbirinde gözü yoktu dervişin.

"Efendim" diyebildi en son, sessizce, "benim bir kızım var efendim, zat-ı âlinize layık değil belki, ama lütfeder nikâhınıza alırsanız bizi bahtiyar edersiniz..."

Kırk günlük çile nihayet bitmiş, olmaz denilen olmuştu. İşte âşık maşukuna kavuşacak, murat hâsıl olacaktı. Bizimkinin arkadaşı sevinçten ağlıyordu. Soru ve cevap sanki bu soru sorulsun, cevabı verilsin diye yaratılmıştı. Sessizlik ilk defa bağırmak, haykırmak istiyordu ve bütün gözler genç adamdaydı.

Usulca doğruldu oturduğu yerden, etrafını şöyle bir süzdükten sonra, gözlerini padişahın gözlerine dikti, sarhoş gibiydi. Kendinden emin bir ifadeyle, "Hayır" dedi, "kızınızı istemiyorum."

Birden ortalığı bir sessizlik kaplayıverdi. Padişah mahzundu, halk hayret içindeydi, vezirler şaşkınlıkla birbirine bakıyor, bilge tebessüm ediyordu. Âşık çobanın genç arkadaşı yaşlı gözlerini silip, birden ileri atılarak bozdu sessizliği. Dostunun yanına geldi, kulağına eğildi:

"Sen ne yapıyorsun" dedi, "kırk gündür bu çileyi ne diye çektin sen, neyi reddettiğinin farkında mısın?"

Güldü âşık çoban, gözleriyle ihtiyar bilgeyi aradı:

"A dostum" dedi, "ben kırk gün padişahın kızı için Allah dedim, Allah padişahla vezirlerini ayağıma getirdi. Ya bir de Allah için Allah deseydim..."

Bir insan yüreğini üşütüyorsa üzülme,-
Allah oraya rahmetini bırakır,
orayı sıcacık eder.
Sen yeter ki kapını açık tut!..

SEVGİMİZİ İFADE ETMEK

Ne kadar sevgimizi belli ediyoruz sevdiklerimize? Ne kadar soğuk olduğumuzun farkında mıyız bazen? Nedir seni tutan, gurur mu? Yoksa ego mu? Nedir böyle seni sevgini belli etmek varken ketum yapan? Asık suratlı tutan?

Ne diyor Allah resulü? "Biriniz seviyorsa Allah için ona sevdiğini söylesin." (Ebu Davut, *Edep* 122 [5124]; Tirmizi, *Züht* 54 [2393])

Sevgiyi söylemek belli etmek, kaynaşmak, demek birbirimizi daha iyi anlamak için bu kadar önemli ki asırlar öncesinden efendimiz bizi uyarıyor.

Hoca mezarlıktaki işini bitirmek üzereydi. O anda elli yıllık karısını kaybeden yetmiş sekiz yaşındaki adam: "Onu ne kadar çok sevdim" diyerek hıçkıra hıçkıra ağlamaya başlamıştı. Yaşlı adamın yaşlı sesi törenin asil sessizliğini bozmuştu. Mezar başındaki diğer aile bireyleri ve dostlar şoke olmuşlardı. Yetişkin çocukları alı al moru mor babalarını yatıştırmaya çalıştılar: "Tamam, baba. Seni anlıyoruz." Yaşlı adam gözlerini dikmiş, kazılan mezara yavaş yavaş inen tabuta bakıyordu... Daha sonra yaşlı adam hariç hepsi sırayla toprak attılar. Yaşlı adam hâlâ "Onu ne kadar çok sevdim" diye yüksek sesle konuşuyordu. Kızı ve iki oğlu konuşmasını engellemek istediler, ama o devam etti: "Onu sevmiştim!"

Kalabalık mezarlığı terk etmeye hazırlanırken, yaşlı adam gitmemekte direniyordu. Gözlerini mezara dikmiş bakıyordu. Hoca yaklaştı, "Kendinizi nasıl hissettiğinizi biliyorum, ama gitme zamanı geldi. Buradan ayrılmalı ve kendimizi hayatın akışına bırakmalıyız" dedi. Yaşlı adam çaresizlik içinde bir kez daha "Onu ne kadar çok sevdim" diye söylendi ve "Beni anlamıyorsunuz" dedi hocaya, "ben bunu ona sadece bir kere söyleyebildim ."

Hz. Ali ne çok seviyordu Fatıma'sını... O sevgisini her daim belli eden bir halifeydi, bir kuldu.

Fatıma'yı mezara doğru uzatırken Hz. Ali öyle ağlıyordu ki gözlerinden akan sicim gibi yaşlar Fatıma'nın kefenini ıslatıyordu.

Hz. Ali şöyle sesleniyordu:

"Habibun leyse ya'diluhu habibun. Vema lisivahu fikalbi nasibun. Habibun raba ayni ayni vecismi vean kalbi la yağibı."

"Sevgilim" diyordu Fatıma'sına... "Sevgilim... Senin sevgini karşılayacak bir sevgi daha yoktur. Doğrusu senden gayrisi için şu yürekte bir nasip de olmayacaktır. Her ne kadar gözlerimden ve vücudumdan uzaklaşsan da kalbimdesin sürekli ve her dem."

Sonra toprak atacaklardı Fatıma'nın üstüne...

Toprağa bulaşmış ellerini çırparken Hz. Ali şöyle diyecekti:

"Doğrusu dünyada tek bir istediğim kaldı Fatıma... Babana ve sana kavuşacağım günü bekliyorum..."

Sevdiğinizi belli
edin ve sevdiklerinize zaman ayırın ki,
zaman sizi sevdiklerinizden
ayırdığında keşke diyerek
Şeytan'ı sevindirmeyin!..

DERDİNLE KONUŞTUN MU HİÇ?

Duyguların dili vardır, onlar bir şeyler anlatmak ister. Onlar sana Rabb'inden gelen bir imtihandır aynı zamanda. Hayata isyan etmeden önce onlarla konuşmanı, duyguların derinliğine doğru bakmanı isterim ve orada hakikati göreceksin.

Kötüye, gaddara, fitne fesat insana hiçbir şey olmaz, Şeytan'ın bütün işi seninle ilgilenmektir. Çünkü senin kalbinde merhamet var. Allah katında öyle değerli ki bu... Allah'ın Rahim ismi tecelli ediyor senin yüreğine, tabii ki seninle uğraşacak Şeytan, tabii ki seni isyan ettirmek için var gücünü kullanacak, ama korkma Allah bize yeter. Bize Allah kâfidir.

Bu senin imanının, yüreğinin ne kadar güzel olduğunu gösteriyor diye sevinmen gerek. Rahim ismini tam yüreğinde hissetmeni dilerim bir sıcaklık duyacaksın...

Merhameti yüksek insanda düşünceler daha çok olur. Zihin ve nefis onu daha çok bunaltacaktır. Tekrar ediyorum; unutma, fitne fesat insana bir şey olmaz. Demek ki kalbin çok güzel, demek ki kalbin Allah'a dönük ki seninle uğraşıyor vesvese!..

Ve kalbin Allah'a dönük ise korkma, o Müheymin'dir, seni korur, gözetir, sen yeter ki haberdar ol bundan ve uyan.

Her an Allah bizi anıyor hissediyorken bizim O'nu hissetmememiz ne acı, uyanmak gerek...

Ne güzel diyor Hz. Ömer:

"Ben derdimi ne dostuma söylerim, ne de düşmanıma...

Zira, dostum üzülür, düşmanım sevinir...

Beni en iyi Rabb'im bilir..."

Derdin, sıkıntının, musibetin içindedir rahmet... Görüp isyan yerine tevekkül eden kul ne güzel bir kuldur, onun kalbi ne nurludur!

Görüyor, işitiyor ve nefes alıyorsan Allah rahmetini ve rızkını üzerinden kesmemiş demektir. Umudunu yitirme, sıkıntı salih kulların erzakıdır, yüreğinden eksik olmaz.

Sen niyetini güzel tut, tevekkül eyle ki Allah kalbine nazar ettiğinde hissedebilesin...

Huzurumun sırrı şu ikisindedir: Her işimi mutlaka Allah'a sunarım ve arkamı dönüp asla kontrol etmem.

Bazen isyanların olmuş olabilir, dert etme, senin günahın Allah'ın affından büyük olamaz. Şeytan'ın vesvesesine kulak verip de Rabb'inden uzaklaşma... Şeytan'ın en sevdiği şey "Sen artık günahkârsın, Allah seni sevmez, kabul etmez" diye fısıldamasıdır. O meluna kulak vermek yerine sana kucak açmış Rabb'ini duyumsa. "Kulum gelse de onu affetsem" nidasını duyumsa. "Kulum benden umudunu kesmedi, ben affetmeyi çok severim, gelsin de bağışlayayım" dediğini duyumsa...

Hiç düşünmedin mi?

Yüreğimiz bu kadar güzel olmasaydı, merhametimiz olmasaydı Şeytan bizle uğraşır mıydı hiç? Allah bizi sevdiği için uğraşıyor, düşüncelerle boğuyor bizi! Sıkıntının içine baktığında göreceksin orada bir ip vardır ve ipin diğer ucunda Şeytan seni dipsiz kuyuya çekiyor, bir besmele çek ve yeniden sarıl Rabb'ine. Ve O'ndan umudunu kesmeden yola devam et... Ve tüm yüreğinle de ki: "Bana Allah yeter."

Kimse Allah'tan gelecek güzellikten, mucizeden umut kesmesin. Allah kulun zannı üzerinedir, sen umudunu kestiğin an kendi cezanı kesmiş oluyorsun. Kimseyi suçlama, sabret ve yoluna umut ve sevgiyle devam et... (Ordan küçük bir kâğıt al da bir zahmet bunları küçük notlar halinde yazıver, dolabına, masana yapıştır. Gelip geçerken okursun.)

Allah rızası için katlanmak sıkıntının en güzeli can... Acının içinde o zaman inan ki güller açıyor.

Sıkıntının sana anlatacakları var belki de, dinle bakalım Rabb'inden ne mesajı getirmiş?

Sen ne kadar merhametli isen
imtihanın o kadar çok olacaktır.
Şeytan fitne fesatla uğraşmaz.
O bizle uğraşacaktır...

TERK Mİ EDİLDİN?
HAKKIN MI ALINDI?

Kim seni seviyorsa aslında o kişinin kendine olan sevgisindendir ve kim sana nefret ile kin duyuyorsa bu da onun kendine olan sevgisizliğindendir. Her ikisi de karşındaki insanın içinde vuku bulur.

Bu gece hüzünlüsün belki yine, çok uğraştın, emek verdin ama olmadı... Olduğu kadar, olmadığı kaderse eğer, Allah'ın dediği olur diyerek sarılalım yorganlara... Hissedelim tevekkülün verdiği rahmeti... Yarını hiç düşünme bile ne olacak diye. Derdini öyle bırak ki Allah'a, gece rüyanda melekler sallasın seni... Mışıl mışıl uyu... Sabah kalktığında Allah'ın yeni bir beyaz sayfa açtığını duyumsa... O arada evet Şeytan gelip, bak eski sayfana o ne olacak diye gözünün önüne getirmek isteyecektir. Elinin tersiyle geri çevir onu ve Rabb'inin uzattığı beyaz sayfayı seç, al eline ve yaz yüreğinle sevgini tekrar...

Giden kazanmamıştır ki aslında, o seni kaybetmiştir! O an anlayamaz gerçeği, Şeytan gözüne perde indirmiştir, sonra pişman olup senin koşulsuzca sevgini çok arayacaktır.

Hem, gidenler seni hiç üzmesin, kalbinden ne kadar dünyalık çıktıysa o kadar Allah sevgisi dolmaya başlamıştır!..

Her zaman mutlu olmaya çalışma, bu arzu seni daha çok gerecek, aksine huzursuzluğu var edecektir.

Sen haksızlığa uğradığında, hakkımı alıp beni anlamadılar, sevmediler diye de üzülme, Allah Hak'tır senin hakkını korur, seni de öyle bir sever ki yüreğin kaldırmaz!

- Sen Allah'ın yarattıklarını sevmekten vazgeçme, sevgini Allah rızasına dönüştür ki ilahi olsun...

Aşk sadece Allah'a duyulandır, biz O'nu tam sevmeden yüreğimiz O'nun aşkıyla dolmadan, O'nu net hissetmeden insanı sevmeye kalkıyoruz! İşte tüm sorun bu...

Sen Allah'ı öyle sığın ki, teveccühün öyle sağlam olsun ki, sıkıntılar, dertler erisin, yansın kül olsun... Hatta mutsuzluğu al karşına ve onunla konuş; ona de ki: "Eğer sen Allah'tan gelmeseydin oturur üzülürdüm! Bunu bildiğim için artık üzülmüyorum."

Derdine de ki: "Sana Allah için katlanıyorum. Dert dile gelip Allah'a dua eder. Ben bu kuluna eziyet vermekten hayâ ediyorum, ona huzur ver."

Kalbindeki acıyı dindirecek tek bir kudret vardır; Allah. O'na acabalarla gitme, tam güven, samimiyetle git ki yüreğin huzur bulsun, sana nice hayır kapılarını açsın. Seni rahmeti, Vedud ismiyle kucaklasın, sarmalasın.

Çok sevdiklerimiz, istediklerimiz şeyler en büyük imtihanı insanın. Bazen sevdiğin, istediğinden vazgeçmen gereken durumlar olacaktır. Bunu Allah için yaparsan, Allah için sevdiğin şeyden vazgeçersen bu bir ibadete dönüşür.

Allah sana değer vermiş yaratmışken sen yalnız kaldın

diye kendini değersiz, suçlu görerek Şeytan'ı güldürme olur mu?

Bir insan üzdüğün kadar üzülecektir, kırdığı kadar kırılacaktır. Sen yeter ki, öfkene ve diline sahip ol, çünkü onlara sahip olan bir insan dünyada cenneti bulur.

Aşk nedir bilir misin sen?

Allah'ı anınca tüylerin ürpermesi, kalbin o an huşu bulmasıdır aşk.

Ezan sesi duyduğunda Vedud'a koşup başını secdeye koyarak "İşte sen çağırdın, ben de her işimi bırakıp sana geldim" diyebilmektir aşk.

Muhammed Mustafa yolunda gitmek, sevgiyi merhameti yaymaktır aşk.

İlahi aşk Allah'ın rahmetidir. O uçan kuşta, açan çiçeklerde her yerdedir... Sana o kadar yakın ki...

Canın yandığında, terk edildiğinde, kimseyi artık sevemeyeceğini düşündürdüğünde zihnin sana, Allah'ın şu nidasını hatırla:

"Dünyada beni görmek mümkün olsaydı, perdeyi kaldırırdım da beni görenler, benden başka hiçbir varlığın sevilemeyeceğini anlarlardı. Kalpleri benim sevgimle adeta parçalanır, benim sevgimden başkasını taşımazlardı."

Seni terk eden insanlar olacaktır, bırak hepsi terk etsin, insan dünyadan uzaklaştıkça Rabb'ine yakınlaşır. O'nun dostluğuyla yeniden doğar...

KADER DEĞİŞİR Mİ?

Bu çok sorulan bir soru olmakla birlikte birçok insanın yaşamında sıkıntı anında aklına gelir. Öncelikle kader ve kaza ayrımını bir kulun iyi bilmesi gerekir.

Nedir kader? Rabb'imizin tüm olacakları bilmesidir. Hayatı bir tiyatro sahnesine benzetirsek bu tiyatroda geçen her anı ve alınan nefes sayısına kadar her şeyi Allah bilir.

Kaza ise olayların vakti geldiğinde vuku bulmasıdır. İşte burada değişebilen ancak kaza olabilir. Bu konuyu hadisle desteklemek isterim:

"Kaza-i muallakı hiçbir şey değiştirmez. Yalnız dua değiştirir." (Hâkim)

"Kader, tedbirle, sakınmakla değişmez. Ama kabul olan dua, bela gelirken korur." (Taberani)

Yine Peygamber Efendimiz "Kaderi ancak dua geri çevirir. Ömrü ancak iyilikler artırır. Kişi ancak işlemiş olduğu günah sebebiyle rızktan mahrum kalır" demiştir.

Allah De Ötesini Bırak kitabımızda sana Hz. Musa'nın kıssasını anlatmıştım, tekrar kısaca özetleyeyim.

Hani çocukları olmayan evli çift Hz. Musa'ya soruyordu:

"Ya Musa! Sorar mısın Rabb'imize, bizim yavrumuz olacak mı?"

Rabb'im de Musa'ya, "Ben onlara çocuk uygun görmedim" diye nida ediyordu. Birkaç yıl sonra yine aynı çift Hz. Musa'yı dinlemeye geldiklerinde kucaklarında bebekleri vardı ve Musa görünce bu çifti soruyordu: "Bu çocuk kimin?"

"Bizimdir ya Musa" cevabını alınca Hz. Musa şaşkın bir şekilde Rabb'imize tekrar dönüyordu. "Allah'ım senin hikmetine sual olunmaz, ama bana o çiftin çocukları olmayacak demene rağmen ne değişti de o çifte çocuk nasip ettin?"

Rabb'im buyuruyordu: "Ey Musa! O çift çocukları olmayacaklarını öğrenmelerine rağmen bana umudunu kesmeden dua ettiler, ben de bu konudaki fikrimi değiştirerek onlara çocuk bahşettim."

Evet, tekrar hatırlamak gerekir ki Allah duada ısrarcı olan kullarını sever, aman ha yanlışa düşme, duada diyorum, olup olmaması konusunda ısrar etmenden söz etmiyorum!.. Bir çocuğumuz neden olmadı diyen, bu konuda haddi aşmakta tabii bunu farkında olmadan yapmakta...

O halde unutmayalım ki Allah'tan umut kesilmez. Allah'tan umudunu kesen kul tüm rahmeti kaçırmış demektir.

Ne diyor Yusuf Suresi'nin 87. ayetinde Rabb'imiz:

"Ey oğullarım, gidin ve Yusuf'u ve onun kardeşini iyice araştırın! Allah'ın vereceği ferahlıktan umut kesmeyin. Muhakkak ki, kâfirler (onu inkâr edenler) kavminden başkası, Allah'ın vereceği ferahlıktan umut kesmez."

Eğer sen Allah'ın seni koruduğuna ve senin duana
cevap vereceğine inanıyor,
bunu hissediyorsan bu hakikidir.
Çünkü O kulunun zannı üzerinedir.
Kim de Allah'tan umudunu kesmişse o da bunda
haklıdır! Tevekkülü zayıf demektir.

Sen gözyaşını bir elinle silerken melekler sırtını sıvazlar ve der ki; üzülme Hak teâlâ senin hakkını ahiretinde kendi verecek...

ÖNEMLİ OLAN BİRBİRİMİZE OLAN DUAMIZDIR

Şayet benim yolumu sorarsan, Allah'ın rahmetini sana anlatmaktır. Bugüne kadar hep gazabını dinlediğimiz için gerek büyüklerimizden gerekse dini konuda yetkili kardeşlerimizden bir korku içinde kaldık. Korktuğumuza yakın olamayız ki... Korktuğumuza sığınmakta zorluk çekeriz. Bu psikolojiyi iyi bilmek gerekir. Bilinçaltı otomatik olarak korumaya alır insanı. Savunma mekanizması bu şekilde çalışır...

Bu yüzden benim yolum Rabb'imin rahmetini anlatmaktır. Onun merhametini Rahman ve Rahim sıfatını hissettirmektir kuluna. Çünkü ben bu şekilde O'na yakın olmayı hissedebildim hamd olsun.

Nitekim ne diyor Araf Suresi'nin 156. ayetinde Rabb'imiz: "O'nun rahmeti her şeyi kuşatmıştır."

Allah'ın rahmeti yüzdür. Doksan dokuzunu kendine ayırmış birini ise yeryüzüne yaymıştır. Bu sayede bizler birlik, kardeşlik, sevgi içinde yaşayalım diye. Bazen hiç tanımadığımız birinin derdini dinlememiz, bir çocuğun başını okşamamız bu yüzdendir. O Rahman ve Rahim esması tecelli ettiği içindir üzerimizde...

İşte bu rahmeti iliklerine kadar hisseden bir kul duasında bencil olmaz. Bir kul din kardeşine dua ettiğinde melekler de o kulun kendisine dua ederler. Bu bir bütünlük olayıdır. Birbirimizden ayrı değiliz, aksine sevgiyle bağlıyız... Rahmetle bağlıyız.

Sevdiğim bir hikâye vardır:

Bir yolcu gemisi yolculuk esnasında kopan bir fırtınada batar ve içindekilerden sadece iki adam küçük ve ıssız bir adaya yüzmeyi başarırlar.

Ne yapacaklarını bilemeyen bu iki kazazede Allah'a yalvarmaktan başka çarelerinin olmadığına karar verirler. Fakat kimin duasının daha güçlü olduğunu anlamak için adayı ikiye bölmeye karar verirler ve adada karşılıklı olarak yaşamaya başlarlar.

İlk diledikleri şey yiyecektir. Ertesi sabah, birinci adam kendi tarafında dalları meyve dolu bir ağaç bulur ve ağacın meyvelerinden yer. Diğer adamın alanı ise hâlâ çoraktır!

Bir hafta sonra, birinci adam yalnız olduğu için kendisine bir eş diler. Ertesi gün bir kadın yüzerek birinci adamın tarafına gelir. Diğer tarafta yine hiçbir şey yoktur!

Hemen sonra birinci adam bir ev, giysiler ve daha fazla yiyecek diler. Sihirli bir değnek değmişçesine tüm istedikleri kendisine verilir. Fakat ikinci adam hâlâ hiçbir şeye sahip olamamıştır!

En sonunda birinci adam bir gemi diler, böylece karısıyla birlikte adayı terk edebilecektir. Sabahleyin kendi tarafına demirlenmiş bir gemi bulur. Birinci adam karısıyla birlikte gemiye biner ve ikinci adamı adada bırakmaya karar verir. Onun hiç bir dileği gerçekleşmediği için Allah'ın nimetlerine layık biri olmadığını düşünür.

Gemi kalkmak üzereyken birinci adam cennetten yankılanan bir ses duyar:

"Neden arkadaşını adada bırakıyorsun?"

"Bana gönderilen nimetler sadece bana aittir çünkü onlar için ben dua ettim" diye cevap verir birinci adam. "Onun duaları kabul edilmedi o yüzden o hiçbir şeyi hak etmiyor."

"Yanılıyorsun!" diye azarlar ses birinci adamı. "Onun sadece tek bir dileği vardı ve kabul ettim. Eğer etmeseydim sen gönderdiğim nimetlerin hiçbirine sahip olamazdın."

"Allah'ım ne olur söyle bana" dedi birinci adam, "Ne diledi de ona minnettar olmam gerekiyor?"

"Senin tüm dileklerinin gerçek olmasını diledi."

O halde unutmayalım ki bize gönderilen nimetler sadece bizim dualarımızın sonucunda değil bizim için dua edenler sayesinde de gerçekleşir. İşte bu ilahi bir işleyiştir.

Yine bir gün Allah dostlarından; Seyyide Tün Nefise'nin bir akşam vakti kapısı çalınır. Komşuları, gayrimüslim bir çift... Bir ricaları vardır:

"Komşu, sende biliyorsun, bizim felçli bir kızımız var. Önemli bir işimiz çıktı, sabaha kadar gelemeyebiliriz. Biz gelene kadar kızımıza bakabilir misin?"

İşi gücü ibadet ve gözyaşı olan ulvi kadın, "Ne demek, siz işinize bakın evladınızı düşünmeyin" der.

Anne baba işlerine, Seyyide Tün Nefise felçli kızın yanına gider.

Saatler saatler... Allah dostunun gözleri, kızın üzerinde, sevgi dolu bakışlar ve kızdan sevgi dolu karşılıklar... İçi bir an bir garip olur.

Gönül diliyle, "Allah'ım Allah'ım, şu güzel kızı ayağa kaldır ve ona Hak yolu nasip et" der.

Akşam olur anne ve baba geri dönerler. Hasta kızları komşularının ayağının dibinde oturmaktadır.

Büyük bir mutluluk içerisinde, gözleri ışıl ışıl parlıyordur. Kapının açılmasıyla birlikte kız ayağa fırlar...

En güzel buluşma neresidir bilir misin?
Birbirimizin yüreği; o halde dualarda buluşalım...

MASUMİYETTEN DOĞAN RAHMET, ŞERRİ HAYRA ÇEVİREBİLİR

Hepimiz bir imtihan içindeyiz. Bu dünyada ya malımızla, ya evlatlarımızla ya ilişkilerle veya hastalıklarla imtihan içindeyiz. Masum kalabilmek, o çocuksu aydınlığımızı koruyabilmek ne kadar önemli. Çünkü masumiyet bozulmamış bir süt gibidir. Bembeyazdır. Nurludur. O Allah'ın nuruyla boyanmıştır adeta...

Bizler acele etmekten, kibre, fesatlığa veya gıybete düşmekten işte tüm bu nuru kaçırıyoruz. Şeytan'ın tuzakları nedense insana hoş geliyor. Ne güzel demiş Hz. Mevlana, "Neyi çok seviyor, istiyorsan işte o senin imtihanındır" diye.

Masumiyet, bozulmamışlık demektir. Rabb'den geldiğimiz gibi saf ve temiz... Ve tekrar O'na bu temizlikte dönebilmek olmalı tüm çabamız. İşte bu çaba içinde olmak bile o rahmet alanının içinde tutar kulu. Üzerindeki sıkıntıyı huzura çevirebilir bir anda...

Nasrettin Hoca'nın, "Allah'ım bu sıkıntıyı benden alma" diye dua ettiğini duyanlar, Hoca'ya sorarlar:

"Niçin böyle dua ediyorsun, sıkıntının kalması için hiç dua edilir mi?"

Hoca cevap verir:

"Allahüteâlâ her sıkıntıdan sonra ferahlık, her ferahlıktan sonra sıkıntı vaat ediyor. Ben bu sıkıntıya alıştım, yeni gelecek sıkıntının ne olacağını bilmiyorum, ya sabredemeyeceğim bir sıkıntı olursa. Onun için bu sıkıntının kalması için dua ediyorum."

Sevdiğim bir kıssa vardır, yine dinlemek ister misin?

Bir zamanlar salih bir zat vardı. Çok cömertti. Elinde avucundakileri muhtaçlara dağıttığı gibi, yardım isteyen fakirler olursa, onlara belli etmeden, başkalarından kendi adına borç alır onlara verirdi.

Bu zat bir gün hastalanır, yatağa düşer. Hastalığı gittikçe artar. Bunu duyan alacaklılar, onun ölüm döşeğinde olduğunu düşünerek başucuna dikilirler.

Salih zat bundan son derece utanmış, rahatsız olmuştur. Asık yüzlü, sıkıntılı tiplerle çevrili olması onu üzmüştür. Bir şeyler söylemek ister ancak, "Bize para gerek, nasihat değil" diye susturulur.

Bu sırada dışarıdan helva satan bir çocuğun sesi duyulur.

Salih zat, bir adamına seslenerek helvaları satın alıp ziyaretçilere ikram etmesini söyler, Adam, çocuğun tepsisindeki bütün helvaları alarak ziyaretçilere ikram eder.

Herkes abus çehrelerle helvaları yer. Çocuk gelip helvaların parasını ister. Salih zat "Evlat bunları bana borç olarak yazar mısın?" deyince çocuk tek kelime söylemeden dışarı çıkar, 50-100 metre ileride bir ağacın altına oturup sessizce ağlamaya başlar.

Oradan geçmekte olan şehrin valisi onu görür, yanına gelip başını okşadıktan sonra niye ağladığını sorar. Çocuk olup biteni anlatır. "O zata edebimden bir şey diyemedim ama, ben bunları zaten borç olarak almıştım, nasıl ödeyeceğim, evime nasıl para götüreceğim diye ağlıyorum" der. Vali, hasta yatan salih zatı yakından tanımaktadır. Çocuğun parasını öder ve ona içi altın dolu yedi sekiz kese altın vererek o salih zata götürmesini söyler. Altınlar eve gelince alacaklıların neşesi yerine gelir. Herkes alacağını tahsil eder. Ancak böyle aniden para gelmesine de bir anlam veremeyip sorarlar. Salih zat şu cevabı verir:

"Ben sıkıntı içindeydim. Siz de sıkıntı içindeydiniz. Buna bir de çocuğun üzüntüsü eklendi. Çocuğun edebi, tek kelime etmeden gitmesi, işi çözdü. Allahüteâlâ o masumun ihlası, edebi hürmetine sıkıntıları giderdi. İmtihanı kazanan o masum oldu."

De ki: "Ey Rabb'im, sen bana sıkıntı verdikçe ben sana yakınlaşıyorum. Bu sıkıntı beni sana yaklaştıran bir rahmet köprüsüdür."

HİÇLİK

Bu kıvama gelmek, "olma" hali derin tefekkürle mevcudiyet bulur. Mutlak kudret ve kuvvet sahibi ancak Allah'tır. Kul bunu asla unutmamalıdır. Çünkü insanın üzerindeki görme, duyma, yürüme, nefes alması bile Allah'ın izni ve iradesiyle vuku bulur.

Çıkar benliği aradan o zaman vuku bulur Yaradan!

Nedir benliği çıkarmak? Kul, görüyorum demek yerine, üzerimde Basir (her şeyi en iyi gören) ismi tecelli ediyor demeli. İşitiyorum yerine üzerimde şu an Semi (her şeyi en iyi işiten) ismi tecelli ediyor yoksa sağır olurdum diye tefekkür ederek nefes almalı.

Eğer Allah Müheymin (gözeten koruyan) ismini üzerinden çekse yolda düz yürüyemez, bir arabanın altında kalıverirdin. Şayet Allah Rahman ve Rahim esmasını üzerinden çekse bir anne yavrusuna yemek vermez, onu ölüme terk ederdi. İşte tüm bunlar Allah'ın sıfatlarının üzerimizde tecelli etmesiyle gerçekleşir.

Kul için en büyük ibadetlerdendir tefekkürle birlikte hiçbir kudret ve kuvvet sahibi olmadığını idrak etmesi... İşte bu yol hiçlik yoludur. Hafifleme yoludur. Her şey O, her şey O'nun izniyle olmakta...

Âl-i İmran Suresi'nin 191. ayetini hatırlatmak isterim:

"Onlar (ulûl elbab, lüblerin, Allah'ın sır hazinelerinin

sahipleri), ayaktayken, otururken, yan üstü yatarken (daima) Allah'ı zikrederler. Ve göklerin ve yerin yaratılışı hakkında tefekkür ederler (ve derler ki): 'Ey Rabb'imiz! Sen bunları batıl olarak (boşuna) yaratmadın. Sen Subhan'sın, artık bizi ateşin azabından koru.' "

İşte bu hal üzerine yaşayan kul için Allah sırlarını açar. Bu çok zor bir şey değil... Yeter ki bu bilinci yüreğine yerleştir ve artık ben yaptım, ben başardım, ben ettim demeyi bırak. Bırak ki, Allah'ın rahmeti iliklerine kadar işlesin ve tüm hücrelerini huzur sarıversin.

Halkın içinde tebdil-i kıyafet gezen bir hükümdar, tarlasında çalışan yaşlı bir adama yaklaşır. Selamlaşırlar. Yaşlı adam yolcunun sıcaktan bunaldığını düşünerek ona ayran ikram eder. Daha sonra sohbet etmeye başlarlar. Hükümdar yaşlı adamın sözlerinden etkilenir ve ona kim olduğunu sorar.

Yaşlı adam "Hiç" diye cevaplar.

Hükümdar merak ve şaşkınlıkla "Ne demek bu? Senin muhakkak bir adın, unvanın vardır" der.

Yaşlı adam yine "Hiç" der.

Hükümdar bu sefer kendiyle alay edildiği zannıyla "Sen benim kim olduğumu biliyor musun? Ben bu ülkenin hükümdarıyım" der.

Yaşlı adam bu durum karşısında durumu izah etmeye çalışır:

"Peki hünkârım, şimdi siz bu ülkenin hükümdarısınız, bundan sonra ne olmayı planlıyorsunuz?" diye sorar.

Hükümdar şaşkın bir tavırla "Hiç" diye cevaplar.

Yaşlı adam gülümseyerek, "Hünkârım, işte ben sizin hükümdarlıktan sonra ulaşacağınız o mertebedeki adamım" der.

Hiçlik nedir bilir misin?
Aldığın nefesin bile sahibinin Allah olduğunu
unutmadan yaşamak.
Bu mutlak farkındalık ve olma halidir.

DEĞERSİZLİK

Biliyor musun? İnsanı depresyona sokan en büyük duygu değersizlik ve işe yaramazlık hissidir. Terapiye gelen danışanlarımın çoğunda bu vardır. Çünkü depresyon bir ateşin dumanıdır, şayet ateş varsa duman tüter, öyle değil mi? O halde daha derine bakarsan bizim burada depresyonu değil, insanı depresyona sokan duyguyu ele almamız gerekiyor. Bunu neden anlatıyorum, toplumun çok ama çok büyük bir kesimi bu baskının altında...

Hepimiz bir depresyon adayıyız, çünkü zihin bir kayıt cihazı gibi yaşadığımız sıkıntıları toplar toplar ve en son küçük bir kıvılcımda, bir aldatılma veya bir ticari kayıpta hemen patlayıverir. Hiçbir şey bir anda olmaz. Zihin sürekli seni dolduruyor, buna çok dikkat etmeni isterim.

İki kanal vardır: rahmani ve şeytani. Dikkat edersen zihnin sürekli senaryo yazar. Seni, başaramazsın, mutlu olamazsın, değersizsin, yaınızsın, sevgisizsin diyerek hipnotize eder ve yaşamın tüm enerjisini alır. Zihni iyi tanımak gerekir.

Çok isterdim terapi yapan uzmanların bu konuda daha derin bakmasını ve bilinçli olmasını. Bu yüzden onlar da bu hallerinden, aldıkları eğitimden memnun değil ki bize bizzat ifade ederek, yüzlerce terapist, psikolog verdiğim danışmanlık ortamına katılıp bu ilmi öğrenmeye çalışıyor. Bu beni mutlu ediyor, kimseden bir saklım yok. Bugün varım, yarın yokum. İnsanlara hayırlı olacak bir ilmi sunmak Allah'ın bana bir lütfu olmalı.

Evet, zihin görünüyor ki tamamen Şeytan'a hizmet altında, oysa Allah onu bize vermişti. Ben de zaten terapilerimde, zihin bizi kullanırsa bir köleyiz, biz onu kullanırsak bir bilgeyiz diyerek danışanlarımın kendi zihnini kullanır hale gelmesine vesile oluyorum... Böylece onlar artık böyle saçma düşüncelere maruz kalmıyor.

Zihinleri kendilerini, değersiz, suçlu, işe yaramaz, yalnız, sevgisiz, başarısız, özgüveni eksik hissettiremiyor. Aldığım en güzel hediye ise milyonlarca insanın duası. Bu yoğunluğuma karşı duanızla ayakta kalabiliyorum. Allah razı olsun...

Bu arada gelen futbolcular, sanatçılar soruyor, "Hocam o kadar terapi aldık nasıl bu tek görüşmede sorunu çözebildin?

İşte bu tamamen rahmettendir. Allah herkese bir rahmet verir. Herkesin üzerinde bir rahmet vardır. Sen futbolcusun, varsa okulu gidip ben de futbolcu olayım? Veya sanatçısın, sesin çok güzel, işte bu Allah'ın sana verdiği rahmettir, varsa okulu gidip ben de güzel sesli olarak çıkayım, mezun olayım ve CD çıkarayım, albüm yapayım.

Aldığım eğitimlerden sadece yüzde iki oranını kullanıyorum diyebilirim. Çünkü ben kendimi okudum! Ve insanların da kendilerini okumasına yardımcı oluyorum.

Eğer bir insan terapi yapıyorsa psikolojiyi su gibi bilmeli, bu yine de yetmez çünkü ruhsal varlığız, sen ruhtan bedeni ayırabilir misin? Ölürsün! O halde terapi yapıyorsan ilmi de su gibi bilmen gerekir. Ve yine yetmez, bir de zihin denen bilgelik ilmi vardır bizi düşündüren. İşte bu üç ilmi birleştirdiğim için puzzle'ın tüm parçaları oturdu. Okul bile üçlü sacayaktır, biri eksik olursa eğitim olmaz, öyle değil mi?

Ne güzel diyor Hz. Mevlana duygularıma ve düşüncelerime tercüme olmuş gibi:

"Akıl, iki çeşittir: Birincisi kazanılan akıldır; sen onu mektepteki çocuk gibi kitaplardan, hocalardan, düşünceden, alışkanlıktan, kavramlardan ve yeni ilimlerden öğrenirsin.

Aklın başkalarınınkinden daha büyük olur, fakat edindiklerinin ağırlığıyla yorulursun.

Diğer akıl, Allah'ın ihsanıdır. Onun kaynağı ruhtadır.

Gönülden bilgi pınarı fışkırdığında onun kaynağı ne bozulur, ne eskir ne de renk değiştirir.

Edinilmiş akıl dışarıdan eve akan bir ırmağa benzer.

Eğer yolu üzerinde bir engel olursa âciz kalır. Kendi içindeki pınarı ara sen!"

Akıl ile yürek arasında bir köprüdür hayat.
Sevgi varsa temel sağlam olur,
yoksa yıkılır harabe olur...

YENİ BİLİNÇLE YAŞAMAK

Allah'ın gazap ve rahmet yolu vardır. Bugüne kadar bize hep gazabı anlatıldı, oysa Kuran'da Allahüteâlâ rahmetinin gazabının önünde olduğunu ve rahmetinin Araf Suresi'nin 156. ayetinde her yeri kapsadığını belirtmiştir.

İşte bizim yolumuz rahmet yoludur ve tüm anlatımım insanların Allah'a tam teslimiyet ve korkusuz sevgiyle yaklaşması adınadır. Bu yüzden binlerce insan şimdiden *Allah De Ötesini Bırak* kitabımızı okumuş ve Allahın rahmetine sıkıca sarılarak huzur bulmuştur... Vesile olduysak buna ne mutlu. Şifayı veren Allah'tır.

Allah de ötesini bırak kitabımızdan sonra bu yeni kitabımız da sana yeni bir bilincin kapılarını açacaktır inşallah.

Unutma, Allah başlayacağın her yeni güne sana beyaz bir sayfa açarken, Şeytan geçmişini önüne getirir, "Bak bunlar sana yapıldı, unutma" diyerek kara sayfayı tekrar önüne koyar.

Kul artık uyanmalıdır, geçmişi yaşatmak, sana Şeytan'ın sunduğu en büyük yemdir. Bu yüzden biz kin, nefret içinde sadece ve sadece kendimizi zehirliyor, Allah'ın verdiği yeni beyaz süt gibi tertemiz sayfayı göremiyoruz.

Güne, tefekkür ve şükürle başlamak bir mucizedir. İçindeki kapalı tüm kodlar yavaş yavaş açılmaya başlar. İşte bu Allah'ın üzerindeki rahmetindendir. Ben sana kişisel gelişimden öte bir şey anlatıyorum, o tam olarak yüreğinde hissedeceğin bir nurdur. Allah'ın nurudur...

Allah dilemedikçe biz dileyemeyiz. Unutma ki çaresiz değilsin.

"Bizi yaratan mutlaka yolumuzu gösterir" diyoruz çünkü, "O, beni yaratan ve bana doğru yolu gösterendir." (Şuara, 78)

"Allah bize kâfidir" diyoruz çünkü, "Allah bize yeter, O ne güzel vekildir!" (Âl-i İmran, 173)

Rabb'im Kuran'da bize sesleniyor, yüreğimize ruhumuza dokunuyor işte böylece... Bol tefsir öğrenelim, tefekkür edelim, ruhumuzu besleyelim, derecemizi yükseltelim. Kuran'ı sadece sevap değil, Rabb'im ne buyurmuş diye okuyalım ki O'na aşkla yaklaşmış olalım. O'na dost olalım inşallah...

Sen aşk nedir bilir misin? Allah anıldığında kalbin titreyip kulun heyecandan bayılacak gibi olmasıdır.

Evet, değerli insan... Bir kitabımızın da birlikte sonuna geldik Allah'ın izniyle... Ben anlattım sen de dinledin; evine, işyerine misafir oldum yine... "Bir" olduk...

Sohbetimizi bir hakikatle vurgulayarak bitirelim mi?

O halde unutma! Daha önce "Allah de ötesini bırak" demiştik, bu bizim anahtarımız olmuştu. Şimdi sana ikinci anahtarını veriyorum. İnşallah, huzur, sevgi ve aşk kapını açacak, de ki: "Bana Allah yeter..."

Çünkü
"Bana Allah yeter" diyen kul mağdur olmaz,
o kul çaresiz değildir.
Bütün melekler onun huzuru için dua eder.

Allah her şeyden haberdardır, sanmayın ki size yapılan haksızlığa kayıtsız kalıyor. O, size bir annenin evladına yaklaştığı merhametten daha fazla merhamet duyandır. Duanın karşılığını takip etmeden "Allah de ötesini bırak". Kul Rabb'ini imtihan etmez. O'na tevekkülle yaklaştığında rahmetini tüm hücrelerinde hissedeceksin.

Karşında o kadar çok maskeli insan var ki onları tanımak için yoruluyorsun. Şayet dikkat edersen güzel olan bir şey var; o senin hakkını aldıkça, sen onun sevaplarından kazanıyorsun. O halde kaybettim diye üzülme, biraz daha derin bakarsan, aslında kazandığını fark edeceksin!..

Aşık olcaksın evet ama kalbini Allah aşkıyla yakacaksın...
Dünyanın geçici olduğunu, biteceğini İDRAK edeceksin; sadece sonsuz kudrete bağlanacaksın.
ALLAH'A bağlı yaşayacaksın. İşte Uğur Koşar bu kitap da sana herkes gibi Allah'ı anlatmıyor O'nu adeta hissettirip yaşatıyor!..

Psikolog Cavidan Ebru Kızıl

Yirmi yıldır terapi deneyimlerimde elde ettiğim sonuçlardan biri şudur ki; eksik olan parçaları yitirdiğini düşünen ve bunları arayarak çıkmazlara giren ve bunun da dışarıda olduğunu sanan çok büyük bir çoğunluk çeşitli psikolojik sorunlarla ruh sağlıklarını bozmuştur. Bu büyük çoğunluğa eserlerinde ve görüşlerinde öze dönüş yolunda katkı sağlayan, aradıklarını bulabilme cesareti ve ışığı olan Uğur Koşar Dostuma "ALLAH DE ÖTESİNİ BIRAK" ile özlerine dönebilmesi adına ışık olan eserinden dolayı en içten teşekkürlerimi sunuyorum...

Uzm. Psikolog Abdullah Topal

"Hayatın monoton geçtiğinden şikâyet ediyorsun, onu donuk hale getiren yalnızca sensin, senin dünyanda, senin duygularını kim renksiz kılabilir? Ve senin her şeyi bırakıp aynanın karşısına geçmeni isterim. Ellerinle yüzüne, gözlerine, burnuna, kulaklarına dokun, onları hissederek dokun ve işte Yaradan'ın izlerini görüyorsun! Dokunduğun yerler ne kadar ilahi, onlar ne kadar kutsallar!.. Sen kutsal bir bedenin içinde yaşayan ruhsun. İlk adım bedenini sevmektir ve bedenini sevdikten sonra ruhunu sevebileceksin ve son adım seni varlığına götürecektir."

Her şey Bilge Varlık ile karşılaştıktan sonra değişmeye başlamıştı…
Beni yorgun kılanın hayattan öte taktığım maskeler ve zihnim olduğunu öğrendim…
Ve hala toplumun büyük çoğunluğu yüzleşmekten çekindiği için maskeleri ile yaşamı kendine zehir etmekte, cesur olan küçük azınlık ise kendi özüne dönerek dünyada kendi cennetine kucaklamakta,
İşte tam şu anda kendini bahsedilen çoğunluğa mı, yoksa cesur olan azınlığa mı ait hissedeceğine karar vermek üzeresin.
Biliyorum ki sen yaşamın en güzel yerinde soluk almayı hak ediyorsun!